以爱领导

开创真正成功的另一个制胜之道

Lead _with_ LUV

A Different Way to Create Real Success

（美）肯·布兰佳　科琳·巴雷特　著

Ken Blanchard
Colleen Barrett

李乐强 译

东北财经大学出版社
Dongbei University of Finance & Economics Press
大连

ⓒ　东北财经大学出版社　2011

图书在版编目（CIP）数据

以爱领导——开创真正成功的另一个制胜之道／（美）布兰佳（Blanchard, K.），（美）巴雷特（Barrett, C.）著；李乐强译. —大连：东北财经大学出版社，2011. 10
书名原文：Lead with LUV：A Different Way to Create Real Success
ISBN 978-7-5654-0461-0

Ⅰ. 以… Ⅱ. ①布… ②巴… ③李… Ⅲ. 航空公司-企业管理-经验-美国 Ⅳ. F567. 126

中国版本图书馆 CIP 数据核字（2011）第 140512 号

辽宁省版权局著作权合同登记号：图字 06-2010-461 号

Authorized translation from the English language edition, entitled LEAD WITH LUV：A DIFFERENT WAY TO CREATE REAL SUCCESS, 1E, 9780137039746 by BLANCHARD, KEN; BARRETT, COLLEEN, published by Pearson Education, Inc, publishing as FT Press, Copyrightⓒ2011 by Polvera Publishing and Colleen Barrett

东北财经大学出版社出版
（大连市黑石礁尖山街 217 号　邮政编码　116025）
教学支持：（0411）84710309
营 销 部：（0411）84710711
总 编 室：（0411）84710523
网　　址：http：// www. dufep. cn
读者信箱：dufep @ dufe. edu. cn
大连美跃彩色印刷有限公司印刷　　　东北财经大学出版社发行

幅面尺寸：170mm×240mm　　字数：84 千字　　印张：10　　插页：1
2011 年 10 月第 1 版　　　　　　　　2011 年 10 月第 1 次印刷

责任编辑：李　季　王　玲　　　　　　责任校对：刘咏宁
封面设计：冀贵收　　　　　　　　　　版式设计：钟福建

ISBN 978-7-5654-0461-0

定价：25. 00 元

前　言

肯·布兰佳和科琳·巴雷特真是天作之合！
当我受邀为这本大作作序的时候，我激动不已，
因为我非常赞同他们的共识——在任何企业组
织管理中，都应长久地、不断地灌输爱的理念。
事实上，这一点往往容易被忽略，但是它真的
要比在短期内获得所谓的成功重要百倍。
在科琳·巴雷特为西南航空公司供职
的40多年里，她始终坚持这一领导理
念，肯·布兰佳也不吝笔墨多次表
示赞扬。科琳一直秉承"有福同
享、有难同当"，以及绩优必
奖、有求必应
的信条。

　　她让萎靡不振的员工重获成功，用一种关怀在先、悉心思忖、善解人意的方式管理着员工的工作，她让每一位员工都深深地感受到了公平公正、实事求是，这一切都源自于她的仁爱之心，而她的宽容又潜移默化地影响着这一切。在她的眼里，每一位西南航空公司的员工都是平等的，她从来不会让他们感到有喜恶之分。

　　可能有些人会觉得"以爱领导"只是一句简单的口号、一种简单的"柔性管理"方式，那么让我们一起来回顾一下西南航空公司过去40余年的业绩吧。经济危机初露端倪，内陆航线市场就出现了严重的净亏损，西南航空在这种背景下却创造了史无前例的卓越业绩，工作保障度、客户满意度、股东回报率都达到了空前的高位。从这一连串的真实数据中不难推演出，若使企业能够获得长久的、可持续的成功，请一定要记得"视员工为自己的家人"，一定要记得

"以爱领导"

Herb Kelleher
美国西南航空公司创始人、荣誉退休主席

目 录

什么是领导力？/1

庆祝成功/7

良师益友/13

在实践中，"仆人领导"是一种爱的体现/21

认识仆人领导/25

    三重底线/28

    员工首选企业/34

    顾客首选企业/39

    最佳创收企业/51

和工会站在一起/58

最具社会责任感企业/60

美好的愿景/62

    有意义的目标/64

    目标蓝图/67

    明确的价值观/71

什么让"仆人领导"奏效？/94

定义爱/104

维护强大的公司文化/125

自为领导者和仆人领导者的不同/131

最后箴言/134

尾声/144

尾注/146

感激之言/151

什么是领导力？

很久以前，有这样一位卓越的领导者，她因充满爱心的领导方式而广为人知。

她所领导的企业在各个方面——从持续盈利、提高顾客满意度到提高员工满意度等，都获得了成功，这些方面在其他公司看来都是有所诟病或被长期困扰的。

她和她的团队取得了令业界瞩目的巨大成功。每一名员工都愿意在她领导的企业中工作，客户的忠诚度也稳中有升，公司业绩更是年年攀高。

这位受人敬爱的领导者并不像想象中的那样，拥有令人欣羡的行业履历。事实上，她的职业生涯是从做一名基层的执行文秘开始的。尽管如此，该企业的创始人、总裁却毫不犹豫地选择她作为继任者。当被问及为何作此决定时，他说："因为她懂得如何让所有的员工在关爱下获得成功。"

这则故事的女主人公，她的名字是科琳·巴雷特。她真实地呈现在每一个人的面前，也许这才是这则故事最富传奇色彩的部分。现今，科琳·巴雷特女士是西南航空公司的荣誉退休总裁。下面，就让我们通过这些精彩的对话—同感受和分享这位卓越领导者的精神内涵！

什么是领导力？

肯（以下简写为"K"）：科琳，真的很荣幸能够与一位"以爱领导"企业的领导者交谈。您介意我称呼您为"Love 经理"（Love Manager）吗？

科琳（以下简写为"C"）：说实话，肯，我还真有点介意。我猜，你说的这个"LOVE"也许可以拼写成"LUV"。

K：LUV？

C：对呀！LUV 是我们西南航空公司在纽约证券交易所上市的代号。我们很喜欢这个词，我们是在达拉斯 Love Field 机场进行首飞的。1971 年，我们的宣传标语是"西南航空，一路关爱你（Southwest Airlines, the Someone Else Up There Who LUVs You）"。我们在机身和信纸抬头都印上了心形标志。40 年后的今天，我们仍沿用这一设计。坦白地讲，如果一定要给我起个绰号，我还是比较喜欢用 LUV 这样的拼写，那么叫我"LUV 经理"吧！

K：您对"管理者（Manager）"这个词有哪些深刻的见解呢？

C：啥也没有！真的！以前有人曾说："你可以引马就水，但不可以强迫马喝水，意思是说要顺势而为，不可逆势而为。"所以，在西南航空，尽管我们都拥有管理者的头衔，被称为经理，其实我们更喜欢用领导者（Leader）这个词。因为我们真的希望所有的人都能够意识到，他们都有成为领导者的潜力。无论他们是否处在管理者的位置上，他们都可以让自己的生活和工作变得积极向上、与众不同。所以，无论什么职位，我们都愿意雇用具有领导才能和潜质的员工。

　　谈到员工的岗位和贡献，在公司内在的企业文化中，我们强调，每一个岗位的设计、每一名员工的贡献都是公司的资本。所以，如果大家听到我们今天的对话，他们会注意到，我们提及西南航空的时候，不单单把公司的资本指向那些飞行员、机修工，我们还一直关注着以下这些群体和机构——广大群众、雇员、领导者、顾客和公司。这些都是促进公司发展的重要组成部分，也是大家提到的"科琳宝典"的一部分。

K：我非常高兴您能提到"科琳宝典"的部分内容，我还知道在您的宝典中还包含一些名词，它们是由两个单词组成的复合名词，例如，底线（Bottom Line）、团队成员（Team Player）、登机（Check-in）等。对于我们这些"非西南人"，我们真的百思不得其意！我想没有多少人能像您这样，这么富有创造力。

C：你的意思是说我不能太天马行空了？

K：哦，不！这是一本你我合著的书，真不想让我们的编辑为难！

C：哈！放心吧！问题不大！

什么是领导力?

K：科琳，在我们谈及"科琳宝典"之前，刚才您提到了一点：每一个人都有成为领导者的潜力，他们对周围的人能够产生积极的影响！我想，聆听我们这次对话的朋友们都会比较关心这一点。我重复这个桥段的原因是，我曾经对来自各行各业的公司管理者做过一个调查，当被问及"你们当中有多少人认为自己是一名领导者？"时，只有不到 1/3 的人举手。

C：想知道这是为什么吗？因为大家习惯性地认为领导就是拥有某种地位或者头衔，领导者是对少数人而言的，通常指的是 CEO 或者高管之类的。其实并非如此！我认为领导是一种生活方式。在我们的工作、家庭和社会中，我们每一个人都能成为领导者。

K：嗯，我们同意。领导是一种影响的过程。您对这点怎么看？

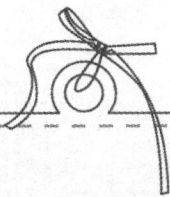

任何时候，在生活或工作中，当你试图去影响他人的思想、行为和发展时，你其实正在扮演领导者的角色。

C：我很喜欢这种说法。如果您一直称呼我为"Love 经理"的话，我想我们之间很难有十分愉快的对话。其实我一直喜欢把自己当作一名领导者，而不是管理者。

暂停对话、悉心思考

　　审视一下自己，你把自己当成管理者还是领导者呢？如果是前者，在聆听了我们前面的对话之后，你现在有什么想法？如果是后者，那么在日常生活、工作和社会交往中，你能够影响到谁呢？

K：当人们对这种说法产生强烈的共鸣时，我一直很好奇缘由何在？我喜欢问大家，"谁最大程度地对你的生活产生了影响？谁是你心目中的领导者？"几乎没有人愿意说是和他们有工作关系的经理或督导员，他们一般都会说是他们的父母、祖父或者叔叔、舅舅，甚至有人会说是他们的配偶或者朋友。

C：没错！我自己也这么想，要让我说出谁是我生命中的领导者，影响了我的一生的话，我一定会说是我的母亲。是她，教会了我如何用爱去领导，这是旁人无法做到的。

庆祝成功

K：她真是位了不起的母亲。我觉得您非常懂得如何用爱去领导和激励员工。您每年会给所有的员工发慰问信吗？用以感谢和称赞他们的努力，并与他们一起庆祝成功。难道您不这样做吗？对我而言，这样的方式绝对是一种对"以爱领导"理念的完美诠释。

C：是，说得对。但是我从不亲自发信。我们有一个不大的内部员工关怀小组，这其中也包括我的私人助理。这个小组长期负责跟踪和记录每一位员工的生日、公司的庆典日、员工孩子的生日和一些重要事件的日子，他们负责发放贺卡等礼物。每年我们大约发放一百多万张贺卡，公司的领导者每年都会亲手写下成千上万条祝语。我们一直觉得这样做是非常值得的，因为我们很高兴能和每一位员工一同经历和感受他们生命中重要的时刻，例如他们的孩子高中毕业等，让他们感受到公司的关怀和爱。我们一直强调和注重，要和员工一同庆祝他们的成功，给予他们积极的赞扬和鼓励。

庆祝成功

为了维系这种公司文化，事无大小，我们都要和员工一起庆祝胜利、分享快乐。当然，我们会组织很多比较正式的庆祝活动。但是更多的往往是员工自发的、非正式的庆祝，这也许花不了多少钱，甚至原本就是不花钱的。打个比方，我们会送给员工一些巧克力，以示庆祝和鼓励。在他们看来，这也许要比豪宅、别墅来得更珍贵。重要的是，我们想让员工感受到他们得到了认可和赞誉，是他们优秀的表现使公司获得进步并表现出与众不同。在这个过程中，他们成为了英雄。同时，他们还感受到了，你关爱着他们，感激着他们，你让所有人都为他们庆祝，并为他们感到骄傲。

K：哇！科琳，英雄所见略同。这恰恰说明了你我为什么如此投缘、惺惺相惜。如果有人跟我说："肯，从现在开始，以前你所提出的理念和观点统统要被扔掉，你唯一想留下的是什么？"我现在真的非常确定，我想坚持的是什么。我将会继续传播和分享刚才你我两人都赞同的理念。要想不断地培养人才，建立一个伟大的组织，关键在于要引导员工做正确的事，对他们通过努力取得的成绩予以积极的表扬。成功是被夸出来的。和员工一起庆祝成功，也是我领导风格中的重中之重。

庆祝成功

另外，科琳，我想在您的领导哲学中还有一条很重要，您每次对员工提出的表扬并不是泛泛的，而是针对他们所做的每一个可以造就成功的细节进行褒奖。正如 Spence Johnson 和我联袂出版的作品《一分钟经理人》[1]中所讲到的，如果只是简单地说一声"谢谢你的努力"（书中提到的"一分钟表扬"）来表扬员工，那得到的效果基本跟没说一样。相反，当你对一位直接向你报告的女职员说，"我刚刚读了你的运营分析报告，我要告诉你的是，写得非常清楚。我非常喜欢你提出的建议，特别是关于开源节流的建议，这不仅能帮助我们公司节省成本，同时还大大提高了生产效率……"这位员工会真切地感受到你不是在敷衍她，她的工作得到了认可。这同样适用于家庭生活，"Alec，你妈妈把你的成绩卡给我看了，三个 A、两个 B，小伙子，真不错！比上学期进步了不少呀！"

C：我们还会及时地为大家鼓劲加油，特别是在工作进行过程中或者即将完成的时候。我想这是"一分钟表扬"的另一个关键所在。

K：嗯！没错！当员工一直在努力，但是很久都没有被注意到的时候，迟到的表扬往往会失去作用。

C：是这样的。员工们很讨厌到了年底那种"秋后算账"的感觉。

暂停对话、悉心思考

你厌烦了工作、生活中的赞扬了吗？你希望你的员工怠工吗？当被问及这些问题的时候，很多人都笑了，因为现实情况是无论是在工作、生活还是其他环境下，很少有人表扬你，或者重视你的成功。你是如何表扬你的员工的？是如何一起和他们庆祝成功的？晚上下班回家，你是否独自思忖白天上班时发生的一切？哪些是对的，哪些又是错的？试试上面谈话中提到的方法，你的员工和家人都会激动不已的。请记住，表扬一定要适时、到位，说到点儿上，切不可泛泛而过。

K：科琳，如果有员工犯了错，您如何处理呢？又如何"以爱领导"呢？

C：这要用另外一种爱的形式，有些人管它叫"严厉的爱"（Tough Love）。当一个人犯错的时候，最好的关爱方法就是直截了当地指出，并帮助其改正。让我给你举几个例子。

庆祝成功

- 我不得不让我身边的一位助手离开，因为她破坏了公司的职业规则。她很善于"向上管理"，但是对同僚或者职位比她低的人则不屑一顾。她的专业知识绝对一流，也许两个人才能完成她一个人的工作。这对我来说是个非常艰难的决定，但是很明显，我必须这样做。
- 下面的这位是我工作中的一位密友，她是公司员工们的榜样。但是她对她的新老板很不尊重，完全像变了一个人似的，已经不是以前那个我爱戴和敬仰的人了。在一次艰难的谈话中，我不得不直白地告诉她，她的新老板在这个职位上至少要工作几年，如果她不能调整自己，以积极的态度与她的新老板合作的话，她必须离开。
- 我经常跟我的好朋友说，我不能为他们写推荐信，或者在规章制度面前，我不能出面调解违规之事，因为我们必须实事求是，按规章制度行事，不能徇私。

● 和大多数领导者一样，我必须站在公司的规章制度这边。无论出于什么原因，对于员工的非自愿离职，我不得不表示支持。但是往往有时，我仍能和他们保持比较紧密的个人关系。

K：听上去，好像您绝对不允许对不良行为或不佳的绩效置若罔闻。

C：没错，完全准确！这些事永远都是很棘手的。但是事情解决后，如果当事人还在为西南航空工作，我会尽可能地仔细观察他们的一举一动，看他们是否有所改进。云开雾散，我更喜欢庆祝成功解决问题后的胜利。

暂停对话、悉心思考

你是如何处理不良行为或不佳绩效的？你是海鸥经理（Seagull Manager，是指那种出现问题了才跟员工沟通的管理者）吗？会冲到员工面前，大发雷霆，然后没好气地匆匆离去吗？或者，一旦你发现不良行为的存在，你会立即以关爱的方式进行处理吗？哪些方面你需要提高呢？

良师益友

K：科琳，你哪来那么多热情不断地庆祝员工们的成功，表扬他们的努力呢？

C：我得再说一次，这一切源自我的母亲。我的母亲心胸开阔、和蔼可亲。她不仅关爱着每一个人，同时，她还对每一个人表现出足够的尊重。尽管她不善言辞，但是她以身示范教我们做人的信条：

与人为善，与己为善。

良师益友

　　母亲做人的信条是说，如果你对别人友善，别人也会对你友善；只要你尊重别人，别人亦会尊重你。受母亲的影响，我对西南航空公司所有的员工最大的期许就是人人平等。当我提到"人人平等"这样的字眼时，我的主旨是让大家感受到当你尊重别人的同时，也会得到他人的尊重。或许更重要的是，每一个人都拥有为公司更好的发展和公司可以带给每一个人更好的福利贡献力量的公平的机会。

　　西南航空的使命是"为顾客提供最优质的服务，让他们感受到西南航空人的温暖、友善、自豪和企业精神"。作为一名西南航空人，你真的不需要记住这其中的每一个字，只要你在每天的生活和工作当中将这个信条铭记于心即可。

暂停对话、悉心思考

　　"科琳教导我们什么是爱，你要以一颗爱心去领导，它将指给你一条成功之路。"

　　　　　　——Kevin Krone，西南航空公司营销、销售和渠道副总裁

良师益友

K：您的母亲是如何让你理解这些价值的？

C：肯，用你的话说就是她不断教导我要做正确的事。事实上，我有一个特别棒的故事来谈谈我母亲的教育方法。

几年前，我获得了 Tony Jannus 奖，这可是一个航空业界的大奖。作为获此殊荣的第一位女性，我感到非常骄傲。但是，我真的很不习惯成为众人的焦点。那天，在隆重的颁奖典礼上，大约有 500 多名来宾，这其中不乏航空业的佼佼者，也有我的几个特别的好友，比如凯文和杰基·弗莱贝格夫妇（Kevin & Jackie Freiberg，他们两人合著了 Nuts[2]一书，这是关于西南航空公司的一本好书）。我还邀请了我年幼的弟弟（我的另一个弟弟在他 21 岁那年离我而去，已经有很多年了）和其他多年未见的亲友。我的亲友团并不大，所以一号桌的前排坐席就足够了。

良师益友

　　我没有准备演讲稿的习惯。但是我们公司的创始人 Herb Kelleher（他在早几年就获得了这个奖项）告诉我，我很有必要准备一下，这很重要。为此我焦虑了一个礼拜，我真的很用心地准备了这次演讲，直到我自己认为满意为止。在颁奖典礼当晚，我真的没敢碰一滴酒，我略显紧张地站在舞台上，脖子上挂着奖牌，我感觉它好似有 500 磅重。主持人朗读了一大段慷慨激昂的导词之后，隆重邀请我讲话。当我走上讲台正准备开口之际，让我终生难忘的一幕出现了，我弟弟不知从哪里弄来 12 个牛铃，我的亲友团成员全部站了起来，一同开始摇晃。

　　那一刻，我真的目瞪口呆，整个人完全惊呆了。我在想：我的上帝呀！现在好了，全世界的人都知道我是来自佛蒙特州的一个乡下佬了。但是，这样的念头转瞬即逝。我激动地说不出话来，我的眼角湿润了，以至于我无法看清讲稿上的字。干脆，我把讲稿放到一边，说出了心底的话，并完成了这次演讲。我真的太激动太感谢这帮摇晃牛铃的家伙们了！之后，我告诉他们牛铃对我而言的重要意义。

良师益友

我来自佛蒙特州，小的时候，家里生活并不富裕，但是我的家庭总是充满浓浓的亲情。当时，我们住在山顶上的一个小房子里。真的没有什么地方可以玩，山路旁就是公墓。于是，那里就成了我们嬉戏的场所。每当夕阳西下，妈妈就摇晃着那支旧牛铃，召唤我们回家。

年复一年，可爱的牛铃成了宣布我们家家庭大事的工具。例如，如果有人得了 A，妈妈就会摇响牛铃；如果我们下班回来，妈妈就会推开家门，摇响那憨笨的牛铃；街坊四邻只要听到牛铃响，就知道一定是 Crotty（我的小名）家又有新鲜事儿了。有一次，我们的房子被烧毁了，那只牛铃也支离破碎，无法使用，妈妈把它收了起来，换了一只新的牛铃。我们家的传统还在继续，直到她离我们远去。

良师益友

　　颁奖之夜之后，Herb 激动地告诉我，那是他听到的我的最好的演讲，我的个人魅力一展无遗。

K：真希望那晚我也在现场。那一定非常让人难忘！听起来，Herb Kelleher 似乎在你的人生中扮演了相当重要的角色。

C：你说得没错！在我的职业生涯中，再没有像 Herb 这样好的老师、教练、导师了。在我初涉职场的时候，我第一次遇到 Herb。当时他已经在自己创办的律师楼工作了 10 余年，但是一直没有雇用全职秘书。当时的他被繁重的工作搞得焦头烂额，我意识到他真的需要我的帮助。表面上看，他的律师楼有两个办公室，一个他自己用，另外一个闲置着，没有家具，只有遍地的文件和废纸，那里简直乱极了！所以我想，作为他的秘书，我一定要彻底地帮助他。由此，开始了我们事业上的合作，也开启了成功的历史。

良师益友

Herb 和我很不同，我们能在一起共事 40 多年真是个奇迹。但是正是因为我们很不同，才成就了这样的奇迹。他绝对是一个才华横溢、不可思议的天才！回眸往昔，他高瞻远瞩，极具眼光，但是他似乎并不知道如何一步步地实现梦想，他只是想要实现梦想。而我呢，非常注重实效性、体系性和条理性。所以，这样的组合成就了我们！

在做 Herb 的秘书的那些年里，我真的要感谢 Herb。在他的庇佑下，我从一个单纯、毫无经验的职场新人开始，不断获得成长。那个时候，Herb 想从事的并不是航空业，而是法律实践。他有一个小团队（由两名律师、一名法律专员和我组成），他做什么，我们就跟着做什么。我真的不知道这是不是有些不同寻常。如果他去华盛顿游说，我们（包括那个法律专员）就一定会在那里陪他，无论他做什么，我们都会跟着做。他总是让我们参与其中。我们真的感到自己是团队中的一员，是这个家庭的一份子。Herb 在那里为我们服务，我们也为他打点一切。

"说到脑海里呈现的第一个词，那就是家庭。您知道吗？您希望像您对待家人那样得到照顾。您关爱他们，您尊重他们。无论天涯海角，西南航空人永远待您如家人。"

——西南航空公司乘客 Eric Krueger

暂停对话、悉心思考

停下来想一想，作为一名领导者，谁对你的思想、行为和发展产生了重要的影响。他们的哪些行为影响了你？如今，作为一名领导者，你从哪些地方可以体会到？请记住，忠言逆耳。往往批评你的人对你帮助更多，你的周围有这样的人吗？

在实践中,"仆人领导"是一种爱的体现

K：科琳，我们来谈一谈服务，我觉得你应该是那种所谓的"仆人领导"者。仆人领导在实践中是一种爱的体现。在西南航空公司发展的 40 多年里，我想 Herb 和您一直在这样做。

C：我真的很感谢你称呼我"仆人领导"者。你知道吗？当我跟西南航空的同事们提到这个字眼的时候，他们总是把它跟"柔性管理"联系在一起。如果我一再强调这种理念，他们就会觉得我疯了！在很多美国企业里，"爱"这个词真的不会经常用到。事实上，已经有人对我们这本书说"No"了。哈哈！

暂停对话、悉心思考

　　关于"在实践中，仆人领导是一种爱的体现"这样的说法，你是如何理解的呢？是要立即合上书走人，还是继续饶有兴趣地读下去呢？直说吧！

K:您说得对。很多人都觉得爱和领导是背道而驰的。所以,他们更想知道我们是如何用爱来领导的。我觉得,生命给予我们很多机会让我们选择爱,为他人服务,特别是当我们成为一名领导者时,我们更加应该关爱他人、造福他人。有些人曾问我的爱人,"玛吉,你跟肯都生活45年了,你觉得什么是领导力?"玛吉坚定地说:"领导力不是在讨论什么是爱,它本身就是一种爱。它为你的使命带来爱的力量,它用温暖的关爱呵护着你的客户、员工,它也让你每时每刻都能感受到一种大爱,这种大爱鼓励每一个人获得辉煌的成功。"

C:肯,你真是娶对人了!我真的非常欣赏玛吉的言谈和智慧!没错,我们在西南航空所做的一切都与玛吉说得很一致。很多员工在社交场合比较避讳说他们是空乘人员,因为提到航空业,人们总是会联想到那些令人不愉快的事情(例如,航班晚点、难吃的餐饮等)。但是,我们的员工真的可以骄傲地说他们来自西南航空。提到西南航空,90%都是好评!这真的让我备感欣慰!下面,我告诉你在我们公司流传甚广的一个关于爱的故事。

在实践中,"仆人领导"是一种爱的体现

几年前,在达拉斯,我们失去了一位深受爱戴的机修工 Roger Elliott,他罹患癌症,离开了我们。在这之前,西南航空从来没有运送过尸体。但是这次不一样,我们为 Roger 和他的家人开了先例,因为大家都觉得这是一件正确的事。我们计划把 Roger 的遗骸从达拉斯运送至他位于底特律的家。那天,在达拉斯 Love Field 机场,机组即将执行这次特别的任务。那时,我们正在总部楼下的会议室开会。会议室里的一位机修工跑到我面前跟我说:"科琳,Roger 的航班大约在 10 分钟之后就要起飞了。"他向我请求能否出去几分钟,在跑道围栏外为 Roger 做最后的送别。

当时正值盛夏,烈日炎炎、炙酷难耐,但我坚定地说:"一定要去!我们全去!马上!"

　　好在我们没有错过，休斯敦的一场滂沱大雨拖延了 Roger 的航班（到达底特律需要飞过休斯敦上空）。我们冲了出来，如同战士一般向 Roger 的航班致礼，那场面非常让人感动。飞机缓缓地踏上了跑道，在我们送别的目光下徐徐升空。烈日的炙烤，使我们一位年轻的女同事当场晕倒，后被救护车送走，但是没有一个人决意回去。我想我们在毒辣的烈日下站了有 40 多分钟。会议？唉，全错过了。

　　和我们一起送行的员工中，有些人根本不认识 Roger，甚至从未谋面。但是，Roger 是我们这个大家庭中的一员。那天，很多人都哭了，开始时只有几个人低吟着《奇异恩典》（Amazing Grace，福音歌曲），最后竟变成了合唱，为 Roger 合唱这首送别的挽歌。我看到了 Roger 的亲属在飞机上一直向外遥望着我们，透过那层玻璃，他们流露出真挚的谢意和感动。他们或许听不到我们的歌声，但是他们的内心了然一切，他们被深深地感动着、关爱着、温暖着……

认识仆人领导

C：这就是我说的"仆人领导"。正如刚才您所讲，当人们听到"仆人领导"这个词时，他们也许会联想到一丘之貉、相互包庇的情形，这真让我觉得悲哀。

K：别担心，这正说明了这些人根本不了解什么是领导力，尤其是"仆人领导"。他们认为，您不可能一边管理他们，一边又为他们服务。但事实上，这是完全可以做到的，只要他们理解"仆人领导"当中所包含的两个重要因素：一个是战略领导，一个是业务领导。

大多数人都知道，战略领导主要讲述与公司愿景、发展方向相关的事情，它是"仆人领导"中有关领导的一部分，它主要关注以"什么"方式、方法让所有的人向着同一个方向前进。这一点相当重要，因为：

领导力与制定发展方向有关。如果您和您的员工不知道前进方向，只能说明您根本不具备领导力！

举一个很有意思的例子。在《爱丽丝梦游仙境》中，爱丽丝试图走出仙境，当她来到一个交叉路口时，她问柴郡猫："您能告诉我，我应该走哪条路吗？""这完全取决于您想去哪儿，"柴郡猫回答道。爱丽丝回答说，她根本不介意要去哪儿，柴郡猫笑着告诉她："既然这样，走哪条路已经无关紧要了。"

C：我们西南航空不断地告诉员工公司的发展方向，并确认他们每个人都知道。当然，我们也必须有命必达。

K：话说回来，刚才您提到的"有命必达"其实就是在说"业务领导"的内容。它主要关注的是"如何"达成公司的目标。它是"仆人领导"中有关"服务"的一部分。公司的每个人都清楚发展方向，在此基础之上，它还表现出公司领导的关注点。它的内容包括公司政策、流程、系统和自上而下贯穿于整个公司的领导风格和行为，这保证了在公司的愿景和价值观的范畴内，公司能够生存和发展，能顺利达成短期目标，并成功实践新业务。这些管理实践为劳资双方营造了一种氛围，他们可以无障碍地进行沟通和交流。

C：正如在电影《音乐之声》中，女主人公 Julie Andrews 所唱的那样，"让我们从头开始学习，从这儿开始真有趣（Let's start at the very beginning—a very good place to start…）"，我很高兴听到您刚才提到的"战略领导"所包含的内容。

三重底线

K：这是在说如何制定一个正确的目标——三重底线[3]，即一个引人入胜的愿景、短期目标和新业务。

C：请稍等，肯。我明白什么是"三重底线"，但是我想知道您怎么理解它。

K：科琳，如果您不介意的话，我想先听听您的高见。

C：好吧。我们的领导哲学非常简单：公平地对待你的员工，一切将迎刃而解。当我们在员工会议上发言时，我们会在黑板上画一个金字塔，然后很骄傲地告诉他们："你们都是位于金字塔尖的人物，你们对于我们来说是最重要的，从某种意义上说，你们是我们最重要的客户。"因此，我将把80％的时间花在他们身上，让他们能够快乐地工作，满意他们的工作环境、职位，并使他们为自己感到骄傲。我这样做也是希望获得回报，我希望我的员工能够像我对待他们那样对待西南航空的乘客，为乘客们带去西南航空的温暖、关怀和快乐。如果你坚持这样做，我们的乘客会认为西南航空的服务与众不同，他们下次还会搭乘。

长久下去，我们就会拥有一批忠诚的顾客，之后他们会把美好的飞行体验分享给他们的朋友和家人。如此这般，公司就可以盈利，就不会裁员，我们的股东们也会高兴并获利，这是一件双赢的事情。

暂停对话、悉心思考

西南航空公司把员工利益放在首位，其次是他们的顾客和股东。您所在的公司管理层对这三项是如何排序的？也许不像西南航空这么简单，但是您应该知道吧？

K：科琳，您说得很对！一个"仆人领导"者不应该只关注"经济底线"。在三重底线的基础上，西南航空已经成为员工首选公司、顾客首选公司和最佳创收公司。

认识仆人领导

　　"仆人领导"者会重视如何对待他们的员工和顾客，他们将公司利润的提升看作其工作的副产品。我想我们都认同这一点，对吗？

如果您善待您的员工、关爱您的顾客，你一定会赚得盆满钵满。

认识仆人领导

C：我当然认同，肯，而且我也受益匪浅。我想现今大多数企业的领导者都有一个思想上的通病，他们认为公司存在的唯一理由就是赚钱。他们忽略了他们的员工和顾客。

K：现在，"财富 500 强"[5] 的排名主要是基于公司的规模和营业额。我有一个梦想，有朝一日有这样一个"财富 500 强"的排名，除了要考量这些指标外，还将公司的员工满意度和顾客忠诚度考虑进去。我想华尔街的媒体也应该这样做，不只是关心某家公司财报的好坏或股票的涨跌，还要关心其员工满意度和顾客忠诚度的变化情况，由此对其进行评价。

> "当我初涉航空业时，西南航空就一直是我向往的公司。我等了 5 年才得以加盟，但这一切都是值得的。"
>
> ——凤凰飞机机修师 Tom McClane

员工首选企业

C：我同意您讲的这些，肯。我想每一家公司都理应如此。你知道吗，我想一个企业获得成功的第一个要素是能得到员工的热爱。所以，咱们先谈谈这个吧。

K：想成为一家使员工满意的公司是极具挑战性的。现今，人才难寻，公司管理者必须想方设法地吸引和留住公司的人才。好的工资待遇已经不是万能的了，如今的员工要的不仅仅是钱。他们希望自己的工作是有价值的，能被嘉奖和认可的。他们在寻求这样的工作环境，希望得到重用，并不断地提高技术，获得进步的机会，他们相信他们能够脱颖而出。

认识仆人领导

C：我们可以非常骄傲地说，西南航空一直保持着很低的辞职率。在过去的 25 年中，主动辞职率和公司辞退率之和徘徊在 5% 左右。主动辞职率一直停留在 3%，甚至更少。这么低的指标真是一个奇迹。要知道在过去的几十年中，整个行业的辞职率是我们公司的 1 倍之多，最高曾创纪录地达到 20%。

我们一直以各种方式致力于让我们的员工意识到他们在公司中的重要性，他们可以随时随地发挥他们的想象力，为公司贡献好的新点子。在达拉斯的公司总部，大厅的电梯玻璃上铭刻着：

西南航空人，成就西南航空，成就自己！西南航空人以不屈不挠的精神、永不停息的努力、无与伦比的商誉和炽烈激荡的热忱达成卓越、点石成金。我们热爱西南航空这个无限温暖的大家庭、这个伟大的企业！

K：我想我真的能理解和体会您所要表达的中心思想，科琳！这可能也是我在您办公室门前驻足大笑的原因。您的办公室门上写着：

每天我只能让一个人高兴。真抱歉，今天不是你，明天好像也不是。

我的爱人 Margie 说我有种与众不同的幽默。我想您也一定是这样！

C：我们都相信善意的幽默是非常重要的。我们一直这样告诫新员工，对待工作要严肃认真，对待自己还是轻松些好！我们真的希望每一名员工都能感受到公司的每一个成功都凝聚着他们的辛劳。

我们常说，其他的航空公司经常从头到脚地照搬我们的商业计划。但是我想他们是只明其表、不明其里的，很多东西是学也学不来的。原因是我们的员工本人和西南航空对待他们的方式。我敢打赌，即使这些公司挖走了我们的优秀人才，也许他们的公司业绩会有显著提升，但是终究不能跟西南航空抗衡。

K：原因何在呢？

C：因为尽管这些公司挖走了西南航空的人，但是没有挖走西南航空的文化。这是我们的秘密武器。这种公司文化激励和滋养着我们。对于公司的大多数人来讲，作为公司的一员，大家不单单只是获得一份工作，更重要的是担负一种使命。我从来不把公司文化强加于人，公司任何部门也从不这样做。这种文化是一种集体信念和人格的生发，这也造就了西南航空成为顾客的首选。

暂停对话、悉心思考

您满意您所在的公司吗？人们愿意加盟您的公司吗？您能给它打几分？（1～10分，从高到低）。您如何帮助公司提高呢？

顾客首选企业

K：在现在的市场环境下，一家企业很难成为顾客的首选。竞争非常激烈，新的竞争对手总是不期而遇。顾客也变得非常挑剔，因为他们有太多的选择。所需要的服务，他们唾手可得，因此他们需要定制的个性化的服务。现今的世道已经变了，不再是卖方市场，由买家占据主导地位，这一点是毋庸置疑的。人们都认为，没有了顾客的忠诚和承诺，公司将走向末路。变革势在必行，新的规则如是：

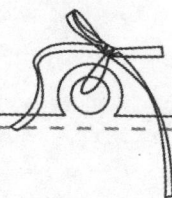

如今，你必须要对你的客人呵护备至，如果你不愿意这样，有的是人愿意！

C：完全正确！客服至上的理念是我们公司每一位员工要谨记的！我们也不断地强调这一点。我很喜欢您和 Sheldon Bowles 写的那本《顾客也疯狂》（*Raving Fans*）。能让顾客满意并不简单。[6]

K：我想也许正是这些"忠诚的顾客"帮助西南航空成为一个伟大的企业。如今，想让顾客满意可不是件容易的事。"忠诚的顾客"很看重服务质量，他们对你提供的服务感到很兴奋，并且还会向别人宣扬。他们已经成为一种销售的动力。让我告诉你一个简单、但是很给力的例子，是我的亲身经历。

　　当你电话预订机票或者改签的时候，你通常会遇到什么问题？你或许会听到这样的忙音"所有的服务热线正在通话中，您的垂询对我们非常重要，请您不要挂线，我们将尽快接听您的电话"，然后音乐就响起了，至于您要等待多长时间，鬼才知道！最近，我致电西南航空想改签机票。一般来讲，西南航空会有服务员接听电话，但是这次忙音出现了，"很抱歉，所有的服务热线正在通话中，请在"滴"一声后留下您的姓名和电话号码，我们将在 10 分钟之内回电"。我照做了。您能想象在接下来的几分钟里发生了什么吗？我的手机响了，一个很爽朗的声音问候我说："您是肯·布兰佳吗？"我说："是的。"

　　"肯，我是西南航空的 Bob。我怎样能帮到您？"

　　科琳，其他航空公司从来没有提供过这样的服务。您是怎么做到的？

C：其实我们把这样的功能应用于每一条航线上。我们叫它"虚拟队列"系统，它能帮助我们在旺季接听顾客的电话，从而保持较高的顾客服务标准。

K：为什么唯有西南航空使用这种系统呢？

C：我们一直追求超越同行的客服水平，甚至我们想顾客之未想。回电服务？仅此一项就让顾客备感服务的优质。在其他方面，类似的服务项目还有很多。所以，我们保持了增长，赢得了顾客的口碑。就如同我面前的您一样，对我们的服务感到满意，并口口相传。

我们真的非常重视忠诚顾客的这种口碑营销，这比广告来得更自然。这里有几个例子：

认识仆人领导

我们的空乘人员总是想方设法地让乘客喜爱和享受飞行，我想很多空乘人员也许从小就是个天才，极具创新性和创造力。

亲爱的西南航空：

我想讲述一下我最近一次搭乘西南航空航班的飞行之旅。我再一次爱上了这帮家伙。我搭乘的是从圣地亚哥飞往丹佛的 3077 航班。飞机上的广播传出了乘务员的声音，这一次有点不同寻常。

"好的，朋友们，"他开始了，"说句实话，今天真是漫长的一天呀！坦白地讲，我们都累了。"

很多乘客都笑了出来，西南航空的空乘人员真逗！

"通常呢"，他继续说，"我们会走到您跟前发放一些花生和小甜点，但是我刚才说了，我们今天都快累死了，所以我们打算把这些吃的都堆放在飞机前舱。当飞机起飞时，这些零食会沿着中间的过道滑落出去，如果您想吃，就得眼疾手快地抓住它们！"

乘客们都笑了起来，也包括我。我们系好了安全带，准备起飞。我在想，这个乘务员一定是在开玩笑呢。

但是我错了！这个家伙真的按照他所说的做了起来。感谢万有引力定律，在飞机昂首直入云霄的时候，这些花生沿着过道滑到了飞机后舱。

我的天呀！乘客们都笑翻了，坐在过道座位的乘客抓住了花生，分给里面的乘客。

"您是不是觉得我刚才在开玩笑呀？"乘务员问道，"放声大笑吧!"他佯装严肃地说出了这句话！

我真想把这段录下来，太搞笑了，比我看过的所有的喜剧都好笑！我带着愉悦的心情抵达了丹佛。除了愉悦之外，我更加感受到了人性的美好和充满希望的生活。这就是我会成为西南航空铁杆粉丝的原因。

——乘客 Carroll Lawrence

我们一直认为，只有战场上的英雄才能得到特别的服务。

亲爱的西南航空：

这封信要特别感谢西南航空为我和我的丈夫提供了优质的服务。

我的丈夫在伊拉克战场服役1年后返回弗吉尼亚州诺福克市。经过漫长的旅途，从巴尔的摩到长岛的一段路程是回家的最后一段航程。没想到这段航程竟为我们留下了难以磨灭的美好记忆。

贵公司的员工、乘务员 Sandra 不仅代表大家感谢我丈夫为国家做出的贡献，而且还动员大家在到达目的地的时候，允许我们第一个下机。当我们下机时，所有的乘客为我们夫妇鼓掌表示感谢，并祝福我们，我们激动地流下了眼泪。我们被感动得哭了两次。一次是，Sandra 在飞机广播中详细描述了我丈夫在伊战中的表现和我们的生活经历；另一次是，当我们下飞机时，所有的乘客都为我们让路。这一切真的让我们感到很释然，有很多人没有忘记我和我的家庭为国家而牺牲的一切。

　　感动仍未结束，透过飞机的玻璃窗，我看到贵公司的员工在地面为我的丈夫准备了一瓶香槟，并表达了真诚的感谢。更让我感动的是，一位西南航空的空乘人员转身对我说："更要感谢您，您丈夫参加伊战的1年，您更加不容易。"

　　当我们走到机舱大门的时候，每一人都等在门口，夹道欢迎，这一切都是 Sandra 安排的。

　　请接受我真挚的感谢，感谢 Sandra 以及机组所有的成员和西南航空的朋友们。这真是一次意义非凡的旅程，我们将铭记终生。

——乘客 Deborah Ellison 和 Peter Ellison

在顾客最需要的时候帮助他们，是我们的日常行为准则。

亲爱的西南航空：

我特别要向贵公司的乘务员 Dina A 表示衷心的感谢，感谢她无微不至的关怀。我非常恐飞，只要能不坐飞机就不坐。7 月 3 日那天，我必须赶到芝加哥参加葬礼。是 Dina A 帮助了我。在飞机起飞之前，她让我跟飞行员进行了交谈。在飞行的大部分时间里，她一直坐在我身边安抚我紧张的情绪，给我带来了很多温暖。对于我的害怕和惊慌，她深表理解，这让我对她产生了很强的依赖感。她好似我的一位密友，悉心呵护着我。我将永远感谢她的善良和耐心。

——忠诚乘客 Amy

认识仆人领导

作为一位母亲，我一直担心我的孩子独自乘坐飞机会遇到各种各样的危险，但是西南航空让我感到放心和安慰。

亲爱的西南航空：

我要特别感谢贵公司为我的家庭提供的非常优质的服务。我11岁的儿子已经独自乘坐贵公司的航班好几次了，每次都平安无事。最近有一次，他要坐飞机去奶奶家。在转乘飞机的时候，他打电话告诉我们转乘的航班晚点了。就在这个时候，机长在电话中向我们解释了当时的情况和晚点的原因。我们真的觉得很放心，没想到机长能亲自跟我们通电话并表示歉意。由于航班的延误，我儿子不能正点吃饭了，我们告诉他吃些随身带的零食充饥。

令我们感到更加意外的是，机长带着我儿子和机组人员一同去机场的麦当劳吃饭，这对于一个年仅11岁的小乘客来说，简直太酷了！机长和机组人员一直照料着我的儿子。真是太感谢他们了！

西南航空再一次证明了他们是一家以人为本、充满关爱的公司！真是名不虚传！下次，我们一定会再次选乘西南航空的！

——乘客 Kristine Smith、Glen Smith 和我们的儿子 Nico

K：哇！这些故事太精彩了！让顾客满意真是公司盈利的必胜法宝呀！

暂停对话、悉心思考

您所在的公司是如何对待顾客的？您能给它打几分？（1~10分，从高到低）。您有类似的在公司内部口口相传的故事吗？

认识仆人领导

最佳创收企业

K： 这让我想谈谈三重底线的第三部分——最佳创收企业！西南航空公司在过去的40多年中一直保有这一荣誉，真是实至名归呀！对我来说，一个机构不断盈利，获得成功，其实原理很简单，就是增加收益，缩减成本。您在这方面确实是个行家。让我们先来看看成本。在现今这样一个激烈竞争的商务环境下，谁能事半功倍、以少制胜，谁就能成功！

C： 是的。但是现在很多公司降低成本的唯一方法就是裁员！这是非常让人失望的。当然，在一些官僚冗杂的机构中，裁员是很必要的。在那样的机构中好像每人都有一个助理，而每个助理又有一个助理。裁员是最后一招，绝对不是控制成本的最佳选择。我们一直保留着精干有效的管理机制，所以在我们西南航空，几乎没有裁员的情况发生。

K：我真要为您刚才说的这些鼓掌了，科琳。其实无形中，您做了另外一件很让人佩服的事。在您控制运营成本的工作中，您其实是把每一位员工当成了您在事业上的合作伙伴。

特别是在现今这样的社会环境下，有很多不确定的因素，您的这一做法尤为重要！在 2008 年，有一段时间，油价飞涨！我很有幸被邀请参与了西南航空的高管会，那次的经历给我留下了深刻的印象。Gary Kelly（西南航空公司的主席、总裁兼首席执行官）把大家凝聚在一起，群策群力，鼓励大家出谋献策来应对油价高涨所带来的不良影响。我深深地感受到，你们把所有的员工当成了同舟共济的合作伙伴，而不是上下级。但并不是每一家公司都奉行这样的领导理念，为什么呢？因为大多数公司的领导者并不感冒西南航空的这一套！但事实上，这真的非常珍贵和有效：

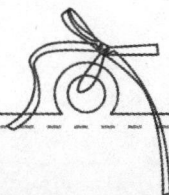

如果您能和您的员工一起讨论和管理公司事务，充分发挥他们的潜力，那么您定会获益良多，并会吃惊地发现他们有那么多的好方法帮助公司开源节流。

C：我对我们的这一做法真的感到非常骄傲和自豪！我又要给你讲几个故事了。

我们的一名普通乘务员曾建议不要在垃圾袋上印制彩色的西南航空的标志，仅此一项建议每年就可以为公司节省十万美元。他们还发现，乘客们似乎不喜欢吃柠檬，因为每次航班上的新鲜柠檬最后大多都被当作垃圾扔掉了。所以他们减少了柠檬的配给量，这一工作也为公司节省了不少开支。最节省开支的一项工作是，在员工的提议和公司的允许下，员工们自行创办了西南航空的官网（www. southwest. com），这为我们节省了，我想应该有过百万美元的成本。还有一个非常棒的降低成本的例子，我记忆犹新。那是在海湾战争（沙漠风暴军事行动，Desert Storm）期间，油价飙升。我们的员工发起了一个名为"油然心生"（Fuel from the Hear）的活动，大家从自己的薪水中拿出钱来捐献给公司，帮公司渡过难关。

K：多么好的员工呀！科琳，特别是最后一个故事，真的让我非常感动！所以，首先，要把每一位员工当成事业上的合作伙伴。然后，员工们就会愿意为公司付出，帮助公司节省成本。

C：这绝对是屡试不爽的经验之谈！

暂停对话、悉心思考

在金融风暴的背景下，您是如何控制成本的呢？您把您的员工当作事业上的合作伙伴了吗？

K： 我想话头一开，如果每一个公司都这样做的话，那么员工们一定会为公司带来更多的回报。

C： 绝对是这样的！举个例子，肯。我想您也是这项服务的受益者。我们的员工提出了一项常旅客"商务选择票价"（Business Select Fare）计划。这项计划主要针对这样一些乘客，他们不介意多花钱，但可以享受优先登机权以及其他方面的一些优惠。

K： 是，比如免费的饮料！我猜这项漂亮的计划一定为西南航空赢得了很多利润。

C： 说对了！自从我们实施这项计划以来，它为西南航空创收了几百万美元的利润。

　　我想让每一位员工以主人公的身份出谋划策是非常重要的。在2001年，我们成立了一个"创收战略小组"，并保留了很长时间。包括现在的执行规划委员会（Executive Palnning Committees）在内的小组成员，来自西南航空的各个部门。在过去的很多年中，这个小组提出了很多好计划，为公司创收不少。例如，早班机计划（Early Bird Fare）、免费行李托运计划（Bags Fly Program）、宠物登机计划（PAWS计划，PAWS——Pets Welcome to Southwest）以及"免费机舱"政策（Cashless Cabin）。

　　如今，尽管这个小组已经不复存在了，但是它树立了一个很好的榜样。各种各样类似的小组层出不穷，它们都虚心倾听和采纳员工们好的意见和建议。执行规划委员会在制定公司重要的战略时，往往都很重视，并会采纳其中的一些意见和建议。所以，我们公司从上到下真的是齐心合力、同舟共济、荣辱与共！

暂停对话、悉心思考

　　在金融危机的大背景下，在您的公司里，有人提出类似的意见或建议吗？您会怎样处理呢？进一步说，您会认为这是普通员工该做的事吗？您所在的公司是西南航空这样的公司吗？您能给它打几分（1~10分，从高到低）？

认识仆人领导

K：哦，我想起来了！西南航空的"免费行李托运计划"的宣传广告的主角是"星际宝贝史迪奇"（Stitch，2002 年由迪斯尼影片公司推出的动画片《星际宝贝》的主角）。这项举措为西南航空赢得不少忠诚顾客！很多乘客都赞不绝口！

　　在三重底线方面，西南航空都做得非常好！

> 暂停对话、悉心思考
> 　　刚才提到的三重底线，您的公司在哪一项上比较突出呢？在哪些方面需要改进？您是否只强调经济底线而忽略了您的员工和顾客？

和工会站在一起

K： 科琳，我想您能让西南航空持续发展、立于不败之地的关键之所在是，您能坚定不移地全面贯彻这一理念——把员工当作事业上的合作伙伴，对吗？

C： 毋庸置疑，这一点铭记我心！没有他们，西南航空无法拥有那么多的忠诚顾客，也根本无法生存。

K： 说到这一点，科琳，很多人似乎没有意识到，超过80%的员工都来自工会。很多拥有工会的企业都不会把工会当作朋友，而是当作敌人。

C： 说到这个，我真要说 Herb 简直是个天才！当成立工会之初，他曾说："只要我们在一条船上，我想成立工会是个很好的主意！我想成立工会并不是把劳资双方分隔成对立面，我不想这样，我想你们也不想这样。"所以，我们的工会代表们全情参与公司的每一件事，工会领导们也被邀请参与公司重大决策的商讨，我们永远是站在一起的。

和工会站在一起

K：这太神奇了，科琳。要知道，劳资双方总是要争个你死我活，谁赢谁输。

暂停对话、悉心思考

　　如果您的公司有工会，劳资关系如何呢？如果是敌对的，那么资方应如何改进呢？统一思想，同舟共济是很重要的！

K：科琳，我一直在想我们是否应该为三重底线加一条呢？最具社会责任感企业！我想西南航空一定也做得非常出色！

C：我想是这样的！我们不仅仅关心员工、乘客和公司的财报，我们同样以饱满的热情回报社会。我们常常鼓励员工要积极投身社区活动，成为具有社会责任感的公民。

在有些公司中，每一名员工只扮演着劳动者的角色。但实际上，他们绝非仅仅如此。他们是饱含爱心的一群人，他们让整个社会充满爱心和热情，并用他们积极的方式改变和创造着美好的生活和工作！

为了表彰层出不穷的好人好事，公司设立了"爱心志愿者"奖项（Volunteers of LUV）。2009 年的获奖者很多，包括：布班克（Burbank）运营中心的 Jennifer Jauregui-Burklow，她协助 USO（美国劳军联合组织）为奔赴战场或凯旋的士兵服务；凤凰城（Phoenix）中心的客服主管克里 Christal Campbell，她为 Camp Courage（一项专门为火灾幸存者举办的露营活动）提供颇具价值的咨询服务，为此她牺牲了一周的假期；纳什维尔（Nashville）运营中心的 Kevin Golding，他无偿地照顾着一位丧父的年仅 12 岁的男孩；凤凰城供给中心的 Jadira Simmons，在他的协助下，为学生们及时送去了 200 个装满物品的大背包；圣安东尼奥（San Antonio）中心的客服代表 Coetta Smith，她每周为一些年长的老人准备和递送餐食；高级技术分析员 Pat Rodriguez，他与 3 家不同的动物保护组织联系，为流浪的动物安排收养的人家。

这仅仅是西南航空好人好事中极少数的几个例子。

暂停对话、悉心思考

成为一间具有社会责任感的公司，这样的观点对您所在的公司重要吗？如果重要，它能在哪些方面帮助您的公司发展？

美好的愿景

K：也许我们应该把"社会责任感"作为"财富 500 强"公司的一个评判标准。

C：好主意，肯。让我们绕回刚才您提到的一点：美好的愿景。我想谈谈如何制定正确的目标，把握正确的方向。我觉得您似乎有很多话要说，来，说说看。

K：嗯，其实这是非常重要的一点，但是很多公司都忽略了。对于我来说，这一点至关重要。我有两位同事，一位是 Jesse Stoner，她一直在研究公司愿景对组织效益的影响，她已经研究 30 多年了；还有一位是 Drea Zigarmi，现在是我们公司的研发总监，她提出了美好愿景的三要素[7]，她认为公司愿景就是要激励大家向着同一个方向努力，这三要素是：

- 有意义的目标——你在做的是什么？
- 目标蓝图——成功的景象是什么样的？
- 明确的价值观——你的日常行为准则是什么？是怎样的行为准则帮助你做决定？

对于我们来说：

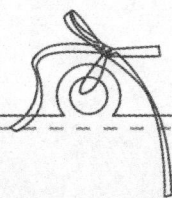

美好的愿景会告诉你你想成为谁（你的目标）、要去哪儿（目标蓝图）、怎样去（你的价值观）实现有意义的目标。

美好的愿景

有意义的目标

K：一家没有"有意义的目标"的公司，领导者通常会把精力集中在自己的事上，例如如何让自己赚更多的钱等。公司里的员工也会偷懒耍滑、好逸恶劳、贪图便宜，大家没有工作激情，忠诚度更是被抛到了九霄云外。[8]

C：我想制定一个长远的目标是非常必要的，它比一些短期目标，例如利润，更加重要。

K：没错！"有意义的目标"是一个组织存在的根本，它阐明了存在的原因，而不是一味地告诉大家你在做什么。它让你以一个平等的角度看待你的员工和顾客。换句话说，你可以站在员工和顾客的立场上理解你所从事的事业——你到底在做什么，以及在哪些方面能够完美地兼顾左右。

美好的愿景

　　大多数公司要不没有目标，要不就是目标过于复杂。我忽然想到了一个例子，我以前和一家大银行合作，那天我会见了这家银行全部重要的经理，我说："我非常感谢你们交上来的目标说明，自从我拿到它们之后，我就睡得非常好！我把它们放在我的枕边，万一我半夜醒了，我得马上读上一段，帮我安眠。"

　　他们全都笑了，因为他们的目标说明冗长繁琐，如滔滔江水般烦人！

　　我对他们说，如果我是他们的客户，我希望他们能静下心来想一想他们的工作。如果我在他们的银行存钱，那么我会希望我把钱放在这里能够被妥善保存和增值，我还会问他们："你们是愿意简简单单地提供金融服务呢，还是愿意从心灵上、思想上让客户信赖你呢？"答案是后者。假设一名柜台的营业员服务态度很恶劣，那么我们如何得到客户的信任呢？

美好的愿景

科琳，西南航空的目标是什么？你们在做什么呢？

C：我们一直在为乘客服务——我们不仅仅提供航空运输服务。就这么简单。我们要求每一位员工竭尽所能地了解乘客的需求。我们从来不吹嘘我们能为所有人提供所有服务，我们一直提倡的是乘客花钱购买我们的服务，我们将让他们感觉物有所值、物超所值，我们将竭尽所能地为乘客提供价格合理、安全准时、环境优雅、轻松愉悦的飞行服务。

暂停对话、悉心思考
   您的公司或者部门是做什么的？每个人都清楚吗？

美好的愿景

目标蓝图

K：美好愿景的第二个要素是"目标蓝图"。这是一个具象的终极目标。这是一幅我们能想象出来的美好图景。以迪斯尼主题公园为例，作为娱乐产业的巨头之一，它的目标蓝图是在每一位游客进园游玩 3 个、6 个、9 个、12 个小时之后，他们都能满带笑容地离开。

科琳，西南航空的目标蓝图是什么？

C：我们的目标蓝图是无论是幸福开心还是沮丧黯然，每一个美国人和他们的朋友、家人、生意伙伴都能够和西南航空一起"自由飞翔"。为了达成这一目标，我们一定要保持低成本（这源于我们的低票价）、高效率、高安全性的飞行品质。我们希望每一位乘客都能够享受我们的服务，这完全依赖于我们的员工，他们是那么富有爱心、亲和友善、幽默诙谐。

美好的愿景

刚开始的时候，我们提出"天空平民化"（Democrztize the skies）的理念。想要明白其中的意思，我们需要回溯到 1971 年。那年，西南航空进行了首飞。那时，出去度假，只有有钱人坐得起飞机，因为机票很贵。当时，生意场上的女性很少，所以乘飞机商务旅行的大多是男士。当时我们的愿景是让大家都能坐得起飞机，无论是出差还是度假。我们想证明给大家看，坐飞机的不仅仅是社会精英，平民百姓照样可以享受这样的服务。

K：嗯，在很多方面，这样的愿景跟比尔·盖茨的很相像。他希望每一个家庭、每一张桌子上都有一台电脑。

C：哈哈，我从来没这么想过，肯。我猜比尔·盖茨把计算机行业平民化了。

暂停对话、悉心思考

如果你清晰地描绘了公司的目标蓝图，那么您的公司或部门的人能够知道将要发生什么吗？您将如何描述公司的目标蓝图呢？

美好的愿景

"西南航空非常关爱员工，这源于 Herb 和科琳，现在的 Gary Kelly 也是这样做的。他们真诚对待每一位员工。

所以，我们觉得我们也应该这样对待他人，这已经成为我们的一种责任。这就是为什么我们热爱我们的乘客，以及懂得回报和感恩。所以，只要我们一直传承这种文化，我们就能够独树一帜、长盛不衰！"

——达拉斯机长 Alex Ponzio

关于我们服务理念的最后一点，同样非常简单——内部服务和外部服务同样重要，品质没有差别。很多公司都没有意识到这一点。西南航空的"黄金法则"在这里同样适用。

K：您说得太对了。其实有很多恶劣的客服出现在公司内部。在很多公司，如果你跟其他部门打交道，感觉上，好像你在跟你们的对手谈话。这种现象在职场和家庭生活中比比皆是。很多人对顾客甚至陌生人都表现出友好和善良，但是对自己的同事、家人却恶语相向，这真是让人难以接受的事实。假设你在家里举行派对，邻居们都来了。派对结束时，一位邻居把帽子落在了你家，你马上拿起帽子追了出去。当你把帽子递给他的时候，你会说"笨蛋！你缺根筋呀！头上少了东西还不知道"吗？你当然不会这么说。你会说："真幸运，我追上了您，您的帽子。很高兴今天您能赏光。"还有一种情形，我想我们都不陌生，妈妈冲着孩子们大吼大叫"吃完午饭，赶快滚！"哈哈，没错！科琳，内部的客服也应该得到重视。

暂停对话、悉心思考
　　这一点很重要。您所在公司的内部客服如何？跟外部客服一样吗？

美好的愿景

明确的价值观

C：我猜下面我们该谈"明确的价值观"了。

K：答对了。实际上，这是美好愿景的第三点，也是最后一点：拥有一个明确的、具有导向性的价值观。我知道这是西南航空的另一项优势。为什么呢？因为高绩效组织拥有自己的价值观，而且事实上，它们也以此为生，但是很多组织往往没有价值观。还有一种情况，在有价值观的一些企业，价值观大多比较分散，也许它们有 8 个、10 个或者 12 个价值观。这些价值观会讲述它们如何看待世界，如何看待亲朋好友，如何看待国家，或者其他游离于上述价值观之间的处世态度。如果是这样，没有或许比有要强。[9]根据我们的研究，如果企业制定价值观以指导员工的行为，那么最好不要超过 3 到 4 个。大于这个数字，员工们将无法理解和执行，因此我们必须制定有效的价值观。为什么要这样呢？因为存在价值冲突。当价值冲突出现的时候，需要用价值观来衡量和判断，让大家清楚地知道哪些是重要的，是要关注的。

C：关于这一点，我们志同道合，肯。我们最重要的价值观是安全，在这一点上，我们决不妥协。除了这个，我们还有其他 3 个关键的价值观：勇士精神、拥有一颗服务他人的心、风趣博爱的态度。

K：勇士精神？听上去好像您要去打仗。

C：哈哈，不是的。勇士精神实际上是指你要为成功不断地打拼，每一个人都力争最好、勤奋工作、充满勇气、遇事不慌、坚忍不拔、永续创新！每个人都想成为胜利者，没人愿意成为失败者。为达成你的目标而努力吧！

K：嗯，这真是一种强烈的竞争精神，而不是那种惨烈的死去活来。

C：没错。Jim Collins 在他的名作《从优秀到卓越》[10] 中提到了伟大领导者的两个突出品质，其中之一即是意愿或决心。我们提出的勇士精神跟这点颇为相仿。为了达成愿景、使命或目标，我们果断决定、锲而不舍，我们力求达到最好，以达成共赢的局面，这其中包括你的员工、你的客户、你的东家、你所服务的社区等。我想"要做就做最好"是永远正确的。

> "如果你愿意为公司投入百分之百的热情，公司也将百分之百地回馈于你。"
>
> ——休斯敦配载经理 Don Digregorio

美好的愿景

K：西南航空这 40 多年来之所以会获得成功，我想大胆地断言，是因为西南航空的员工是真正的勇士。他们以辛勤的工作和全身心的投入，在激烈竞争的商务环境下获得了成功。

C：我想开始的时候，那些大的航空公司会对我们不屑一顾。可能最初的两年中，我们根本不入他们的眼，但是正是凭借着勇士精神，我们成功了，我们赢了！

　　另外一个原因是，我们在招募员工的时候非常谨慎和挑剔。我们不想让公司人员流动过大，所以在招募员工时，我们希望他们能在西南航空干一辈子。尽管我们每个岗位上的人员并不多，但是大家的工作效率、生产率都非常高，这还要感谢我们倡导的"勇士精神"。

　　下面举一个航班周转的例子，用以具体解释一下。刚才我提到，安全是重中之重，所以我们不断加以改进，以提高效率。很明显，只有我们的飞机总在天上飞时，我们才能赚钱。所以，我们常跟调度人员说："我们需要让这些飞机在 10 到 15 分钟内起飞。"他们说："这不可能。""这可能，你的脑海中一定要有这样的概念"，我们回答道。

今天，尽管我们无法再次于 10 分钟之内完成航班周转，但是我们的调度效率远远高于竞争对手。我们希望西南航空航班周转的场面看上去像印地 500 的赛车进入维修站。当你刚刚踏入登机门的时候，你可以看到我们的员工正在地面、升降车上迅速细致地检查飞机。如果您选乘其他航空公司的飞机，可能您都坐到座位上了，还看不到上面的景象。那种忙碌的场面非常棒！我相信能为每一名乘客留下深刻的印象。这就是整个团队"勇士精神"的具体体现，每名员工各司其职。

"我想在天气好的情况下，航班准点是比较容易做到的。因为工作环境很好，每个人都容易操作。但是当天气情况不佳的时候，我们会遇到机械故障或者发现安全隐患。在这种情况下，诸如此类的问题能真正考验一个航空公司的能力。"

——凤凰城机长 Rod Jones

K：跟我谈谈您的第二个价值观：拥有一颗服务他人的心。我感觉这听上去像是以爱领导的核心。

美好的愿景

C：没错！当我们面试、雇用、提拔员工时，我们一直都在观察他们是不是一名"仆人领导者"。任何职位都是这样，无论大小。他们一定要有一颗服务他人的心，有为他人服务的激情和动力。我们希望所有的员工都能够遵守公司的"黄金法则"，将西南航空最基本的要求铭记于心，尊重他人、先人后己、平易近人、想他人之所想，为西南航空这个大家庭争光。我喜欢这种处世哲学。我经常会接到一些乘客的电话，"好长时间没在登机口见到 Carroll Herzog（她是休斯敦机场客服部门的一名员工）了，我很想她，到底怎么回事？"大多数航空公司都不会有这样的经历，但这在我们这儿是很常见的。当 Carroll Herzog 得知她的一位乘客患了心脏病时，她痛哭流涕；当她听说一位乘客要退休了时，她会给他打一通电话，每次卡罗尔都想为他们做点什么。

"科琳总是说：'铭记黄金法则，从错误中总结经验，以诚待人。'"

——战略规划高级副总裁 Tammy Romo

美好的愿景

我们的乘客或许并不知道我们的姓名，但是他们记住了我们的脸。他们并不仅仅是我们的顾客，更是我们的朋友。这才是我们的所得。这些无法量化，但是我们却实实在在地感受到了，这种力量是那样的强大。在我看来，很多公司并没有这样的感受和体会，为什么呢？因为我们的员工热爱他们的工作和岗位，他们把这种快乐传播给每一位乘客。

每年我能收到不计其数的来自其他公司高级领导者的信函，他们曾这样写道："我一直试图找到西南航空的缺点。我问你们的员工，为什么你们在西南航空工作得那么开心？有哪些方面你们感到不满意吗？他们总是说您对他们特别好，尊重他们，他们信任您和您所说的话。我真希望我们公司的员工也能这样评价我。"

K：为什么您能得到这样的反馈呢？

C：因为我们的员工都知道我们非常尊重他们，他们是西南航空最重要的资源。我们总是能听到这样一句话"顾客永远是对的"。但是，我们要说有时候并不完全是这样。

美好的愿景

很多年前，Herb 说过这样的话。当时，一份著名的出版物将它公之于众。我们收到很多来信，质疑我们为什么说出这么恐怖的话，作为一家以顾客为导向的公司怎么会这样讲。让我来解释一下。我们不会容忍乘客对员工的口头辱骂或肢体上的侵犯。如果发现这种情况，我们一定会支持员工。我想更重要的一点是，我们的员工应该意识到，我们永远是他们坚强的后盾。同时，通过我们的调查，如果发现是员工错了，我们将向乘客致以最诚挚的道歉，并弥补其损失。

西南航空的所有领导者都要以身示范，成为"仆人领导者"。我想 Herb 为我们做了表率。他天生如此，直到我们告诉他这叫"仆人领导"他才知道。说实话，我跟 Herb 一样。直到我的朋友 Ann McGee-Cooper 介绍我看 Don Frick 的书《Robert K. Greenleaf 的仆人领导》，我才明白。[11]

K： 科琳，您刚才一直在强调客服和"黄金法则"，我猜您一定也告诉您的员工"己所不欲，勿施于人"的道理。

C： 是的，这是"黄金法则"很重要的一部分。你要跟大家一起工作，一定不能高高在上、袖手旁观。

有一件发生在我身上的事，让我对这一点体会颇深。那是在我年轻的时候，那时的我还是 Herb 的秘书。我们有一台信件收发机，每天都要靠它寄送出去大量信件。如果它出了问题，那可真是要天下大乱了。但是，那天复印机坏了，邮费机（类似用来贴邮票的机器）也不知何故地罢了工。因此，所有装满信函的空白信封都要重新填写，那可不是按个按钮就能解决的问题，全部需要手工填写！那时已经将近晚上 8 点了，我们却需要重新返工。

美好的愿景

Herb 就和我一起，一直工作到凌晨 4 点，成百上千的信铺了一地，我们舔舐着信封，一个一个地往上贴邮票。我永远不会忘记。我的上帝呀！Herb 本应责怪我的，这是由于我的疏忽造成的。但是他没有，就在那儿！他和我站在一起！那天的场景让我永生难忘。后来，我时常回忆起来，他成为我在工作上效仿的榜样！

"我们站在一起。在航班周转的时候，包括飞行员在内的每个人都来捡拾机舱内的垃圾，大家互相帮忙、共同努力。"

——达拉斯乘务员 Candace Boyd

美好的愿景

Herb 为我树立了榜样。我们希望我们都以一颗为他人服务的心去做每一项决定。当一个人加入西南航空的时候，我们为他解释公司的使命、价值观和期望。其实在我看来，我希望他们能够将这些融入他们的生活当中。如果他们违反了，我们有两个选择。一是会给他们一个解释的机会，这就是我所说的"严厉的爱"，如果情有可原，他们可以重新回到工作岗位；如果不可原谅，我们的第二个选择就是解聘。我们让他们去找他们想要的工作。这并不是说这些员工不好，而只是简单地说明，他们无法融入西南航空的文化。

K：WD-40 公司（一家著名的全球消费品公司[(12)]，WD-40 是一种万能防锈润滑剂的代称，是此家公司的产品）的总裁 Garry Ridge 对此有一段很精彩的描述：

"当员工与公司文化格格不入的时候，让他们去竞争对手那里吧！"

C：确实这样，我也赞同这种做法。如果你的公司里存在这些貌合神离的员工，他们不仅不会赞同公司文化，还会为公司带来很多问题。

K：没错！多年来，我总结了一条经验，"行为是受其结果控制的"。如果有些人对你所重视的事情嗤之以鼻，那么他们也不会有社会责任感，他们会把你再三强调的重点当作耳旁风。

暂停对话、悉心思考

您的公司中有这样的人吗？如果有的话，他们会带来哪些影响？如果没有，您是如何做到的呢？

C：确实这样，我很欣赏 Garry Ridge 的这一做法。他会奋不顾身地维护公司文化。他同样也是一位风趣博爱的澳洲人。这让我想谈谈公司价值观的第三点——风趣博爱的态度。

美好的愿景

K：看上去很多美国公司都不太重视这一点。

C：对于这一点，我们也是斟酌了很久，最后才决定使用"Fun-LUVing"这个词。你知道，LUV 是西南航空在纽约证交所上市的代码，我们想在价值观里体现出来。

"Fun-LUVing"主要是说拥有一种乐观博爱的处世态度。我们希望每一个人都能享受他们的工作和生活。我们希望每个人，包括我们的顾客，都能感受到我们对他们的关爱，让他们觉得自己是我们这个大家庭中的一员。幽默诙谐总是与我们相伴，我们不想显得太过严肃。我们尊重各种观点，我们庆祝每一次成功，我们热爱工作，我们为成为团队中的一员而感到骄傲、充满激情。

我们曾经被冷嘲热讽、被奚落，到现在还是这样。但我要说的是，这一切都无所谓。你一定要了解你的顾客，一定要尊重他们。开心快乐是我们公司文化的一部分，我们的员工非常具有幽默感。唯有一次，我们不这样。那是在 9·11 恐怖袭击之后，整个国家陷入巨大的悲怆之中，幽默诙谐在这个时候是不合时宜的，所以我们让大家尽量低调些。

K：您是如何发现具有幽默感的员工的呢？

C：当我们招募新员工的时候，我们会对其幽默感做一个小测试。这是公司雇用员工流程中的一个环节。最早，赫伯跟我们的人力资源副总裁建议，在招聘的过程中测试一下应聘者的幽默感，结果这个副总裁这样回答说："啊？我的天呀，这怎么弄呀？难道您想让我放个'放屁坐垫'（一种恶作剧的小玩意，人坐上去，会发出类似放屁的响声）在面试者的座位上，然后看他们是不是笑吗？"

其实，只要你用心观察一个人，他是不是具有幽默感很容易看出来。当进行团体面试（这也是招聘流程中的一个环节）的时候，我们通常会问一个问题"在令人尴尬的情形下，您如何能幽默地应付过去？"我们会认真倾听面试者的回答，与此同时，我们还会注意观察没有回答问题的面试者的反应。

在对新员工进行入职培训的过程中，我们会给他们讲述西南航空的发展历史，我们希望新员工能够铭记前辈们的奋斗史。Herb 也许是我见过的最会讲故事的人，在这一点上，我比他可差远了，每次我都能从他的故事中学到很多东西。他教导我们要张弛有度，不要弄得自己太严肃、太紧张，要时常自我取乐，我们也希望所有的员工能够如此。

美好的愿景

> "当我开始在西南航空工作时，每个人都跟我说，'嗨！玩得开心点！开心点！'面试我的所有人都会跟我讲，'让自己开心点！随意些，别拘束！开心点！'现在，我在公司真的工作得非常开心，我的脸上每天都带着微笑，好像现在社会上很少有人能这样。"
>
> ——奥克兰客服人员 Olander Coleman

K：您"风趣博爱的态度"其实无时无刻不在感染着您的顾客。记得有一次，我都笑喷了！飞机着陆后，我听到一名乘务员通过广播说："飞机正在滑行，请您系好安全带，如果您站起来，我们就把 Bruno（邮包粉碎机）放在行李提取处，您能想象到您的行李会变成什么样吗？"

我还从我的好友、著名管理类畅销书作家和演说家 Patrick Lencioni[13]那里听到一个有关"Fun-LUVing"的故事："你知道吗？其实在一种情况下，可以看出一家公司的核心价值观是什么，即当公司受到挑战或者遇到麻烦时，公司领导者却能够加以维护。"他继续说道，"有些人会给西南航空写信，写道'我是西南航空的老顾客了，我真的不喜欢你们在飞机上播报安全广播时开玩笑'"。

美好的愿景

  遇到这种情况，很多航空公司可能会这样回复："我们非常重视您的意见，请相信我们一直在为您的安全着想。在这里，特别为您提供一张免费机票。同时，我们会把您的意见转告给乘务员，使其稍后改正。"然后，公司会把邮件发给乘务员，并警示大家"我们可以幽默诙谐，但是不能太过分"。

  说到这里，Patrick 的脸上浮现出笑意，他笑着说："不，西南航空并没有这样做。他们回复那位乘客说：'我们会想念您的。'哈哈，这就是核心价值观的体现——'我们会想念您的'。"

C：我也非常喜欢 Patrick 的这个故事，可能他说得并不完整。他提到的这名乘客不单是对飞机广播有意见，事实上，他对任何服务都不满意。这位乘客是个非常挑剔的人，所以他让我们"非常想念"。

美好的愿景

K：太有意思了。当公司的优质服务被传为佳话的时候，很多喜爱西南航空的乘客都会告诉别人很多夸张、甚至虚构的故事，来表达他们对西南航空的喜爱。这让我想起一个发生在诺德斯特姆（Nordstrom，美国高档连锁百货店）且广为流传的故事。我想您可能也知道，这家著名的百货店有一项众所周知的服务，他们可以无条件地接受退货。很有趣的是，有一次一个客人要求退一副雪地防滑轮胎，诺德斯特姆接受了退货，要知道诺德斯特姆从来没卖过这种东西。太有意思了！有一次，我遇到了诺德斯特姆的创始人之一 Jim Nordstrom，跟他谈起这个故事，他大笑，他说不是这样的，那个时候我们在阿拉斯加的一间连锁店销售这种轮胎，那位顾客也是在那里退货的。然而，这个故事却被口口相传，全国皆知。

C：无论刚才 Patrick 的故事是真是假，这都无关紧要。重要的是，它彰显了我们公司的文化——将快乐带给每一个人。举个例子，我永远都不会忘记 Tonda Montague 对我说过的话，她是我们公司"公司文化委员会"的成员。她跟我说："我听到很多员工都这么说，一定要选好日子再休假，我们不想错过在公司工作的这几天，如果错过了那些好玩的事，真是太可惜了！哈哈，这简直太逗了！"她说的"这几天"正是万圣节的那几天，我们疯狂地穿上奇装异服，非常搞笑！

美好的愿景

K： 嗯，你们的员工个个都是"派对达人"！

C： 没错！尽管我们有很多派对（我们称之为"励志派对"），但是快乐并不仅限于此。快乐对我们来说是为生命中精彩的点点滴滴庆祝，为之振奋，并感怀彼此之间的温暖和关爱。我们的快乐源自所有人在日常工作和生活中不断发扬和传播西南航空的核心价值观——勇士精神、拥有一颗服务他人的心和风趣博爱的态度。有的时候，我们会为此开展特别的活动；有的时候是非正式的、自发的；有的时候我们会在内部的"西南新闻"中向大家传达；有的时候，我们还会设立一些正式的奖项予以表彰。我们的"年度表彰晚宴"会以现金奖励获奖者。

美好的愿景

我们经常举办野餐会、烧烤活动和户外派对，还经常组织员工进行筹款活动。我们还有很多五花八门的比赛，我们为新婚或者喜得贵子的员工举办庆祝活动，为离退休人员举办派对。在很多竞赛性活动中，我们都会奖励大家，至于奖品嘛，特别好玩！我们组织过高尔夫球赛、棒球赛和垒球赛、滑雪赛等，我们为获奖员工颁发"勇士精神奖"。您别说，参与的人多极了！

K：为什么"风趣博爱的态度"是西南航空核心价值观的重中之重呢？为什么值得延续下去？

C： 公司创业初期，我们偶尔会乘坐其他航空公司的航班，我们发现飞行体验非常不好，没有微笑，感觉不到温暖和愉悦，乘务员和乘客像是一群机器人！哈！Herb 受不了这样，所以我们决定将这一点作为我们公司最最核心的价值观。我想现在很多公司都开始这样做了，但是在当时，没人这样想这样做。我们决定了，"快乐"将是伴随西南航空一生的词藻。

美好的愿景

　　我们还非常注意，我们不会把西南航空变成一家庸俗乏味的公司。现在看来，好像当时的这项决定显得很好笑，或许是这样吧！我们在跟新员工讲话时，很少使用一些专业术语。为什么这样呢？因为从一开始20世纪70年代起，我们就不想让大家觉得公司非常冷酷生硬。我们希望公司给人一种平易近人的感觉，每个人都能快乐地和公司在一起。我在犹豫要不要说下面的话。因为在现今这样的社会环境下，我要说的看似有点不合时宜——我们试图变得性感些。我想航空业应该这样，对，就这样，性感些。我真不想扯太远，但是实际情况如此，在得克萨斯州就是这样。空姐们身穿紧身裤、脚踩摇摆靴，我们的广告是这样写的"我们看上去很Raquel Welch（美国著名女影星，被誉为"性感女神"）吧！"要知道在那个年代，搭乘飞机的基本都是得克萨斯州的男性生意人，女性基本不会搭乘飞机。只要乘客有需求，我们就会尽量满足。

我们这样坚持了 5 年多。乘客从我们的飞行中得到了快乐，我也非常开心能够参与其中，我们开玩笑似的跟 Herb 说，我们再也不想穿成那样了！哈哈，这真是件非常有趣的事。Herb 明白我们的意思。需要说明的是，他从来不会让自己的公司缺少快乐。Herb 非常开明，接受员工提出的正确的意见和建议。在 20 世纪 80 年代，我们的空乘人员都觉得我们的制服很老套（这是前 CEO 选定的样子）。在 Herb 的支持下，我们更换了制服。

K：科琳，看来西南航空的公司文化源于公司的价值观——勇士精神、拥有一颗服务他人的心、风趣博爱的态度，它们体现在公司的方方面面。

C：这是我们的基石、我们的 DNA、我们的过去、我们的现在和我们的将来。尽管公司没有说明这三个价值观孰重孰轻，但是我想，在实际工作中，它们亦会"自行其职"。正如我前面提到的，安全是第一位的，其次是漂亮地完成工作，照顾好乘客。这一切都源自我们提出的勇士精神。当然，与此相关的还有我一直强调的拥有一颗服务他人的心和风趣博爱的态度。

美好的愿景

"在我看来，当人们看到一个品牌，就能够联想到这家公司的使命、核心价值观。能够使利益相关者感到自豪（特别是员工），我想这才是品牌的根本，这样的品牌才能长盛不衰。西南航空无疑是一个很好的典范！"

——Brand Champions Blog（一个著名的品牌网站）创始人 Rex Whisman

K：您真伟大，实现了三层底线，或者说是四层底线。西南航空拥有一个美好的愿景，公司从上到下都在为这个愿景而努力。战略领导力能够帮助公司达成短期目标和开发新业务，它指导员工眼下要关注的目标和任务。在公司愿景这样一个长远目标的指引下，我想它们应该会被赋予更多的意义。

美好的愿景

C：是的。我们每年都制定年度目标和新业务，我们要求员工为此付诸努力。但是对于公司的长远目标，我们希望他们时时刻刻都铭记于心——我们美好的愿景和四层底线。

暂停对话、悉心思考

您所在的公司或部门制定了价值观吗？如果有，它是如何指导员工行为的？如果没有，最好尽快制定。并且，应该告诉所有人你们在做什么（你的目标），要向什么方向发展（你的愿景）。说出下面这些著名企业的领导人，他们都为企业制定了美好的愿景：娱乐业的迪斯尼（Disney）公司、零售业的诺德斯特龙公司、快速服务餐饮业的Chick-Fil-A餐厅（美国一家提供快速服务的餐厅连锁店，该公司以发明去骨鸡胸肉三明治起家，而且是第一家提出鸡柳概念的公司）、酒店业的利兹卡尔顿酒店（Ritz-Carlton）、韦格曼斯杂货店（美国最佳食品杂货店之一）、WD-40公司（以出品万能防锈润滑剂而闻名世界）、金融服务行业的西诺乌斯公司（Synovus）、航空业的西南航空公司。

什么让"仆人领导"奏效？

K：阿门！现在让我们看看是否能把它们统一在一起。正如我们所说，愿景和公司发展方向是"仆人领导力"的一部分。当一个企业成立的时候，固有的领导力金字塔层级结构就已经存在了。我不是说高管（我的意思是说高层领导者）在制定公司发展方向上独断专行。但是，制定公司的愿景和发展方向的任务好像就应该由处于金字塔上层的领导者承担。孩子要听父母的，运动员要听教练的，员工要听老板的。赫曼·米勒公司富有传奇色彩的前任主席 Max De Pree 曾经在他的名著《领导是门艺术》（*Leadership is an Art*）[14] 中这样写道："说到公司愿景、价值观和发展方向，你要不厌其烦、一而再再而三地将其灌输给你的员工，直到其植根于他们的心中。"这听起来像是一个三流的老师在教学生背诵公式。

在传统的组织中，层级领导被视作有权决定一切。是操控型的，还是仆人型的，都由他们自己决定，员工们理所应当要听老板的指挥。"老板监工"是极为普遍的现象。员工们能否得到晋升，主要是看谁更会拍马屁，谁更得老板欢心。这样很难使公司实现战略愿景或按照制定的方向前进。每个人都在竭尽所能地保护自己，而不会去想如何为公司的发展出力。

什么让"仆人领导"奏效？

从另一方面来说，"仆人领导者"会帮助员工达成目标。这一理念颠覆了传统的领导力金字塔结构，使其整个翻了过来。和终端用户接触最为紧密的一线人员站在金字塔的最顶端。他们有责任、有能力满足顾客的需求。在这样的情况下，领导者们要为员工们服务，满足他们的要求，例如提供培训和职业发展规划。领导者要把员工们打造成翱翔的雄鹰，引领公司达成制定的愿景和目标。

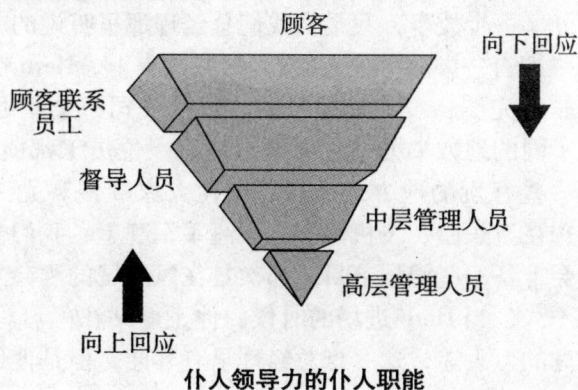

顾客

向下回应

顾客联系
员工

督导人员

中层管理人员

高层管理人员

向上回应

仆人领导力的仆人职能

什么让"仆人领导"奏效？

C：说到"仆人领导力"的仆人职能，Herb 绝对是我的榜样！他如此完美地扮演了这一角色——和传统的领导者相反的角色。对于他来说，一旦大家都清楚了我们的目标、任务和价值观，他就会义无反顾地支持每一位员工，并为每一位顾客服务。

我想跟你分享一个故事，我是从我们总经理那里听说的。他说公司的价值观之一是"拥有一颗服务他人的心"，在这点上，Herb 在一次公司的酒会上诠释得非常完美！没人能超过他。每年公司都会举办两到三次酒会，我们会在不同的地方举办，主要是想让每一位员工都能有机会参加。我们一般会选一些好玩的地方，这样可以让大家顺便观光一下，放松放松。一般都会选在游乐园、飞机修理厂、海军军舰上，我们会提供各种美食、酒水，还会准备一些娱乐节目。那次是在凤凰城的酒会上，当时的总经理刚刚上任不久，当 Herb 进场的时候，他正好站在门口。Herb 是西南航空这个大家庭的万人迷，这一点总经理早有耳闻，但是他还是被眼前的一切惊呆了。

什么让"仆人领导"奏效？

　　他看到 Herb 正在全神贯注地跟一位身着制服的机修工交谈，交谈大约持续了 15 分钟，很多员工簇拥着 Herb，环绕在他的周围。最让他印象深刻的是，总经理注意到 Herb 一直直视那位机修工的双眼，没有片刻转移。在拥挤的人群中，这位机修工被挤得东倒西歪，但是 Herb 一直谦卑地关注着他。在那一刻，Herb 完全被机修工的话所吸引了。这一场景深深地烙印在这位总经理的心中，他一直铭记至今。现在，这位总经理和我们一起共事快 20 年了。

K：像您、Herb 和 Gary 这样的领导太少见了，大多数公司的领导都没有意识到要"拥有一颗服务他人的心"。这就是为什么我刚才暗示，在大多数企业中，传统的金字塔领导方式（领导操控型）依然完好地存在着。他们不重视处于底层的顾客，而在乎如何向上管理，人们的所有热情都用在如何能让老板满意上，而不是用在如何满足顾客的需求上。如今，官僚主义、命令主义等大行其道，这势必造成顾客对员工和公司投诉繁多、抱怨一地，那时您可不是翱翔的雄鹰了，倒成了蹩脚的笨鸭了。

C：我很喜欢您说的雄鹰和笨鸭的比喻。

K：我也是从 Wayne Dyer 那里学来的，他是一位伟大的帮助个人发展的导师。[15] 很多年前，他提出了这样的比喻，他说这代表着两类人。笨鸭没头没脑，只会"嘎嘎嘎"地叫，而雄鹰则身先士卒，翱翔天际！作为一名顾客，你很容易判断出谁是笨鸭，谁是雄鹰。对于您的问题，如果他们只会嘎嘎地说"这是我们的规定！这是我们的规定！我只能照做！要不你找我老板吧"，那么他们一定是笨鸭！

什么让"仆人领导"奏效？

C：我绝对希望我们的员工都是雄鹰，可不是那糟糕的笨鸭！

K：我知道，大多数西南航空的员工都是雄鹰。让我告诉你一个故事，之前我跟你提过，科琳。

很多年前，有一次出差，我要在一个礼拜之内去4个不同的城市。当到了机场的时候，我才发现自己忘带了驾照和护照，当时回家拿肯定来不及了。我不得不想其他的办法。

　　我突然想到我曾经写过一本书，名叫《每个人都是教练》（*Everyone's a Coach*）[16]（这本书描写的是一位富有传奇色彩的迈阿密海豚棒球队的教练 Don Shula，书的封面上有我的照片。于是，当我到达机场时，我冲进了机场书店。幸运的是，我找到了一本；更幸运的是，我搭乘的是西南航空公司的航班。当我托运行李时，工作人员让我出示身份证件，我说，"实在抱歉，我忘带驾照和护照了，您看看这个管用吗？"我掏出那本书给他看。西南航空的这个可爱的家伙兴奋地叫了起来，"这个人认识 Don Shula！快把他请进头等舱！"（当然，我的机票既不是头等舱的也不是商务舱的。）地勤和安检人员都过来了，跟我握手、拍掌，我觉得那一刻我像个英雄。这个时候，一位资深的工作人员对我说："我送您去安检吧？我认识那里的安检员。我想我能把您送进去。"

　　与之形成鲜明对比的是，到了下一个航班，我就没那么幸运了。我想我掉进了笨鸭塘，我不得不让朋友把我的证件连夜寄给我。那条航线上的工作人员拿着我写的那本书，看着上面的照片，阴阳怪气地对我说："您是在跟我开玩笑吧！您最好去售票台咨询一下。"当我走到售票台前，那位女士对我说："您最好跟我的主管商量一下。"

C：哈哈，难道您不想为那位主管起个雅号吗？

K：当然！我们叫他"笨鸭头"。这个"笨鸭头"跟我讲了一大堆公司的规章制度，真是把人烦死了！

C：跟您谈话的领导级别越来越高了呀！

K：没错，我想很快我就要见到市长了，或许最后还能见到总统。跟我对话的是一位身穿制服、扎着领带的主管，我生气地跟他抱怨着这死板教条的规章制度。但是转瞬一想，我很快意识到这是他的官僚主义思想在作怪，所以我立即改变了语气，说道："我非常理解您，要处理这些形形色色的事情，这份工作真的很难做！我非常感谢您的帮忙，我没有带身份证件，您能帮帮我吗？"如果我不说些软话、后退一步，我将错过我的航班。这家航空公司非常官僚，等级观念很强，大家的精力不是放在如何把顾客服务好，而是放在如何向上管理上。为什么会有这样的差别呢，科琳？

什么让"仆人领导"奏效？

C：首先，肯，我的一些同事建议我提醒您不要再讲上面的故事了，因为这会让联邦航空局（FAA）感到不安，但我并不这么想。我们的工作人员打了电话，确认了您的身份，并不是因为从封面上看到您的照片。另外呢，我们的安检人员对您进行了仔细的检查，看您是否携带了武器或其他禁止携带的物品。

我们对员工的专业判断和职业操守很放心。没错，我们白纸黑字地写下了规章制度和工作流程，您完全可以去看看，但是我经常对我的员工强调"公司的规章制度是我们工作的行为指南。我没有在工作第一线，所以对于各种各样的情况，我不能尽然了解。你们站在工作第一线，你们要用专业经验来处理各种情况，哪怕有些是违反这些规章制度的。只要是正确的，就大胆去做吧！"

我们的员工处理各种情况的本领超强！举个例子，我们有一些乘客在晚上到达目的地，我们的飞行员就帮他们订酒店。他们并没有向公司打电话问"我能帮乘客订酒店吗？公司会给我报销吗？"他们之所以这样做是因为他们是这样的人。

当我们的员工意识到公司非常信任他们的时候，他们不会为违反公司规定去做一些正确的事而担心，因为他们所做的是想尽他们最大的努力去照顾好乘客。我们的员工都知道，只要他们是为顾客谋福利，只要他们的行为不犯法、不违背伦理道德，他们就会放心去做，结合他们多年的专业经验和判断，即使有些事情违反公司规定或者不符合工作流程。"仆人领导"方法和充分向下授权不是一种怯懦和退让。它是一种很好的管理方式，既可以得到完美的结果，又可以让您的员工和顾客满意。

暂停对话、悉心思考

您所在的公司或部门是不是笨鸭多过雄鹰？如果是，您如何把笨鸭变成雄鹰呢？您如何激励您的员工开动大脑努力工作呢？科琳刚才讲到的这些为您指引了方向，关键的一点是执行！您不妨试试"仆人领导"，把领导力金字塔倒过来。

K：我非常同意刚才您提到的"仆人领导"方法，既可以得到完美的结果，又可以让所有人都满意。正如我前面提到的，更让我兴奋的是，"仆人领导"其实是一种爱的实践和体验。

C：如果您这样说，那您如何给爱下定义呢？到底什么是爱呢？

K：您参加过很多婚礼，对吗？新人们都会念诵圣经里的那段。

C：您的意思是说那就是爱的定义吗？"爱是恒久忍耐，又有恩慈"。

K：没错。让我读给你听：

"爱是恒久忍耐，又有恩慈；爱是不嫉妒，爱是不自夸，不张狂；不做害羞的事，不求自己的益处，不轻易发怒，不计算别人的恶；不喜欢不义，只喜欢真理；凡事包容，凡事相信，凡事盼望，凡事忍耐；爱永不止息。"

——《新约·哥林多前书》第 13 章

C：没错，就是它！每次念诵的时候，通常你都会看到新人的鸳鸯泪。

定义爱

K：说得对。我以前读过一本书，书的作者是 *Henry Drummond*[17]，他是一位 19 世纪的苏格兰作家，书名是《完全的愛》（*The Greatest Thing in the World*），那里面也有一段对爱的精彩描述。他说爱有九种特质：忍耐、恩慈、慷慨、礼仪、谦卑、无私、温和、坦诚、真挚。

C：这跟我脑海里的几乎完全一致！只有一点我不太理解，坦诚指的是什么？我以前从没听过这个词。

K：我也没听过。在我们解释它之前，让我先跟您做个小练习。我会依次解释每一个词，在我解释每一个词之后，请您回答以下的问题："在什么时候我会表现出这些特质，什么时候不会？"

C：嗯，您真是个刨根问底的家伙呀！什么都要打破砂锅问到底。

K：没错！祝您好运！其实我真的很想知道您的难处，或者说弱点吧。

C：嗯，这正是我所思考的：

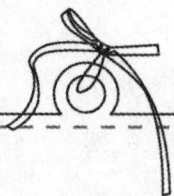

人们都会赞美您的优点，但是如果您能将自己的缺点和盘托出的话，他们会更加景仰您。

我想当你脆弱的时候，大家都会能够理解这些，毕竟你也是人。或许更重要的是，他们更喜欢你的坦白和自省。没问题，来吧，肯，说出来吧！

K：好的。第一个是忍耐：

爱是恒久忍耐，无论是邪恶、伤害和挑衅，我们从不怨恨、从不愤怒、从不存复仇之心。对他人的鄙视和忽略，我们潜心忍耐。来日方长，福祉将至。

C：当我的员工灰心丧气、不走运的时候，我会表现出忍耐，我会让他们感到我也非常关心他们的问题，我愿意帮助他们重拾信心。同样地，我也会做同样的事情帮助那些即将需要帮助的人们。

有些员工非常聪明，技术也不错，但是他们总是抱怨别人、抱怨工作，把事情弄得一团糟，对于这样的人，我不会表现出容忍。

K：Norman Vincent Peale 曾经跟我说，要让自己的人生按照自己的规划前进，有两个重要的品质一定要有，一个是忍耐，一个是坚持。他说我们需要忍耐，因为上帝的时间表跟我们的不一样，我们不能着急。当它发生的时候，你会发现，它来得正是时候。当你不耐烦的时候，坚持二字一定要谨记心间，它会让你不抛弃不放弃地继续前进。如果你的坚持使你节节挫败，没关系，再回到忍耐，别着急，再等机会。

C：我喜欢他的那本书，《积极思考的力量》（*The Power of Positive Thinking*）[18]。

K：诺曼夫妇对我和玛吉的影响很大。那年他 86 岁高龄，我们结识了他，并且开始和他合著一本名为《伦理管理的力量》（*The Power of Ethical Management*）[19]的书。

定义爱

我很喜欢 Norman 说的这些。说到忍耐和坚持，他一般会讲这个故事给我们听。有一个人每晚都向上帝祷告，保佑他能中彩票。有一天他对上帝说："上帝呀！我是个好人，我全心全力地养家糊口，对家人也非常好，我想要的只是能中彩票。"结果半年过去了，什么也没发生，于是他生气了。一天晚上，他又去祷告，他对上帝说："我真不知道哪儿出问题了。我虔诚地祈祷了半年，但却一无所获！真过分！我是个好人，我无微不至地照顾我的家人，如果我也对别人好，您能让我中彩票吗？"正在这个时候，一道神光划过，上帝说道："您先帮我 个忙吧，多买几张彩票。"这则故事的寓意是，做事情只有忍耐没有坚持是没用的。

C：很有趣的一个故事，这让我记住了忍耐和坚持。
K：第二个特质是恩慈。

恩慈是将爱付诸行动，当你的行动出于恩慈，那你就总会看见他人的需要，并且主动去帮助别人。

> "来自陌生人的恩慈并不少见，特别是在西南航空。"
>
> ——西南航空一位乘客的评语

C：我想让所有的员工感受到我的仁慈，我想方设法让他们感受到他们无时无刻不在被呵护、表扬和尊重。

对于那些给他人带来伤害的人，我不会对他们施以恩慈。

K：关于恩慈，我非常喜欢 Stephen Grellet 曾说过的一段话：

> "我希望到这个世界只走一遭。因此，我能做的任何好事，我给予同胞的任何仁慈，我现在就得做。我不能延迟或忽略，因为这条路我不会再走第二遍。"
>
> ——Stephen Grellet（1773—1855）

定义爱

C：这段话我也非常喜欢，以前我不知道是谁说的，现在知道了。看在上帝的份儿上，肯，到底谁是 Stephen Grellet？

K：他是一位贵格会改革家、传教士。

哈哈，我们来谈谈第三个特质吧——慷慨：

爱是一种慷慨，不是一种嫉妒。当你看见别人成功或表现卓越时，你不会感到痛苦。如果对邻居报以慷慨的爱，我们不会嫉妒他们的拥有和成功，我们会欣喜地和他们一起分享这份快乐。我们美好地祈愿一切繁荣，人们永不嫉妒、悲痛。

C：当我看到同事取得成功、得到嘉奖时，我为他们感到欣喜若狂；当我看到他们的勤勉、果敢、牺牲和善意的时候，我同样为他们感到高兴。

如果我发现有人侵占他人的工作成果，我将毫不犹豫地制止。

K：以前，当人们听到"慷慨"这个词的时候，都会联想到钱的问题。通常来讲，"慷慨"是"贪婪"的反义词。圣经中的"慷慨"除了与金钱有关外，还与时间和天分有关。在刚才我读到的这段话中，它更多地表达了一种慷慨的精神。

接下来，我们该说说礼仪了：

爱始终是有礼仪的。爱从来不伤害别人或者试着要让人感觉受到伤害。它始终在探寻幸福。

C：有关这一点，其实我时刻都在以身作则。这和我们的黄金法则所要求的行为准则是一致的。

对于极少数不值得尊重的人，我不会这样对待他们。

K：在迪斯尼主题公园，其最重要的价值观是安全，其次是对待客人要彬彬有礼（这里指的是游客从每一名员工那里所获得的亲切友好的服务）。西南航空为什么不试试？

C：在我们创业初期，在这点上，我们确实从迪斯尼那里学到了很多。

K：好的，现在我们来说说谦卑：

定义爱

　　爱是谦卑的，爱不是自视甚高而自我膨胀。当你付出真爱时，你会发现，爱不是贱视自己，而是看待自己如同看待别人一样，就是要同等、同位，不自高。

C：当我取得我所谓的成功时，我一定会谦卑地意识到这些成功源自我诸多良师益友的付出和教导，他们同样会为我祝福。

　　当我看到有些人把我提出的好的观点当作他们自己的，并且不知羞耻地侃侃而谈时，或者把我的观点贬得一无是处时，我绝不会表现出谦卑。但是实际上，我并没有这么做，我想这可能是我最大的缺点。

K：Jim Collins 提出的伟大领导者必备的两个特质，一个是希望（Will），另一个恰巧就是谦卑。真有意思。我们都能够意识到领导力不是在说你怎么当领导，而是要求你去了解员工、了解他们的需求。

C：我想这也恰恰说明了"拥有一颗服务他人的心"的含义。很多人把谦卑当作弱点，对此，你怎么看？

K：哎，现实情况确实如此。其实，我一直这样定义"谦卑"：

谦卑的人不是自视低，而是较少想到自己。

定义爱

所以，谦卑的人总是自得其然，他们自尊心很强，作为一名"仆人领导者"，他们高标处世、低调做人。

柯林斯写到，那些自负自私的领导者，会站在镜子前拍着胸脯，告诉自己自己是多么的伟大。当工作没做好时，他们会置身事外，批评责备其他人。与之形成鲜明对比的是，如果工作完成了，伟大的领导者也会置身事外，但他们会将成功归功于他人；如果失败了，他们同样会站在镜子前问自己"我还能做些什么让这帮家伙获得成功"。这才是真正的谦卑。

Frederick Smith[20] 曾经这样定义"谦卑"，我觉得他说得也很精彩：

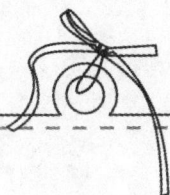

谦卑的人能够正视权力，并能谦卑地使用权力。

C：但是有太多人好像更关心他们的职位，以及由此带来的权力。其实，我并不这么认为，你的权力不是来自你的职位，它来自于天天和你共事的同事。

K：我很早就懂得这个道理。在这一点上，我的父亲对我影响很大。我父亲是名退伍的海军上将，他的人生哲学非常精辟。记得那次我刚刚当选"七级总裁"（最高级别的总裁），我回到家中，家人都沸腾了，父亲跟我说："儿子，恭喜你当选。现在你有地位了，但别太把它当回事。"他接着说："伟大的领导者之所以会受到拥戴和追随，是因为人们尊敬和相信他们，并不是因为他们手中拥有权力。"父亲的这些话为我上了一课。

　　谦卑和无私是紧密相连的，下面我们谈谈第六个特质——无私：

　　爱是无私的。它从不伤害他人、攻击他人的短处，它为保存他人的利益和集体的利益宁愿牺牲自己的利益。一心为对方着想，想不到或来不及想到自己这样做应该得到什么样的回报。

C：在公司层面上，如果公司需要，我会牺牲个人利益以成全公司利益。坦白讲，我曾说过"这是处理这种情况最恰当的方法，不用考虑这是否符合我以往做事的原则"。

更多地在个人层面上，在一些长期存在的问题或争执上，我会保持沉默。每个人都有自己的想法，这一点我完全接受。换句话说，大家都可以保留意见，这没有什么损失。

不用说，在某些情况下，我不会显得那么大公无私。当我年轻的时候，我可不会让别人碰我心仪的男人。想来想去，好像只有在这点上我是自私的。

定义爱

K：科琳，我想从自私到无私其实是一次心灵之旅。没有谁比小孩子更自私了。每一对父母都能证明小孩子生来是自私的，我们必须教会他们懂得分享。我想当他们懂得分享、懂得为他人服务时，他们就长大了。

这引出了下一个特质——温和（好脾气）：

爱是温和的，不轻易动怒。它熄灭了怒火，抚平和缓和了愤怒。它不会迁怒于激情的泯灭，爱由心生，怨气自散。我们很难对性情和善的人动怒，我们也非常容易放下怨恨，心平气和。

C：我的员工跟我拥有一样的信仰和理念，我对此非常高兴。比如，关爱、黄金法则、诚实守信，还有很多很多。温和这个特性是我的另一个弱点，我一直在改进。

尽管如此，那些真正为这个世界做好事的人，我总是温和地对他们报以关爱、耐心和呵护。

如果发现有人不顾缘由滥用职权，那么我不会袖手旁观，一定会严厉制止。

K：俗话说"学坏容易学好难"，好脾气不容易保持，但是坏脾气却很容易形成。所以我想，保持好脾气对我们来说是一件具有挑战性的事。我总是问这样的问题"您愿意让世界变得越来越适合我们居住吗?"每一个人都回答愿意。我接着问"有多少人想过要怎么做呢?"很少有人回答。好吧，还是让我们从生活、工作中的点点滴滴做起吧，一起把世界变得更美好。[21]

定义爱

　　假设一天早上，当你走出家门时，突然听到有人对你无礼地大喊大叫，你打算怎么做呢？是以牙还牙，还是给他一个拥抱、一个祝福？假设在上班的路上发生了交通事故，你被堵在半道，那你是跑到肇事者面前大发雷霆呢，还是耐心地希望或帮助事故尽快得到解决？对于生活中人与人之间发生的事情，我们有很多种处理方式，就看你如何选择了。好脾气可以帮助你进行选择，培养你与人为善、乐于助人的性格。

C：这也是我们西南航空所做的，我们鼓励大家要好善乐施，不要自私自利，人人都要拥有一颗服务他人的心。我的母亲和您的父亲就是很好的榜样，如果大家从小时候开始就能受到这样的熏陶，那将是十分幸运的。

K：科琳，我们说说第八项特质，这个是您最喜欢的——坦诚。Henry Drummond 曾这样说过：

　　爱是坦诚的，我们的内心充满阳光。在做任何事的时候，都抱以美好的初衷，心无邪念、心无质疑、心无不良动机。爱是坦诚的，它让心存怀疑的人安心坦然，它珍视善意，摒除了怨恨和报复。

C：没错，就是这样的。我以一颗坦诚正直的心看待很多事情。例如，一些事情取得了进步，或者我们的员工做出了贡献。对公司、他人无私奉献、乐善好施的员工，我会特别提出表扬。我一直在使每一名员工都能最大限度地发挥他们的长处，回避短处。好像我对待所有的事都很坦诚，没有例外。

K：我的爱人 Margie 认为我是个超级坦诚的人。我甘愿为他人做嫁衣。这很好地解释了为什么我有那么多位合著者。我的母亲曾说："你为什么不能自己写本书？"我回答道："妈妈，其实我早意识到这一点了。"事实上，我喜欢挖掘每个人的特长。我邀请了所有的合著者出席我的 70 岁寿宴，我们一起开心地度过了一天半，我们为多年来秉承的共识和信念而庆祝——教育他人、帮助他人。

C：那次真是非常尽兴！我们的万圣节酒会也是在那里开的。

K：万圣节酒会？

C：您的合著者原来有那么多！太有意思了！

K：我觉得这份坦诚绝对是真挚的，科琳。好的，我们来说说最后一项特质吧！真挚！

　　爱是真挚的，它不会为他人带来伤害和痛苦，从不宣扬别人的过失。爱是真挚的，它推崇真实，不掺半点虚言；它一语中的，有益他人；它刚正不阿，正直可信，从不闲言碎语。

C：我会真诚地告诉我的员工我爱他们，我为他们的成长和发展倍感欣慰。当他们做出很有价值的贡献时，我会真诚地祝贺和夸赞他们，并且一起和他们分享成功的愉悦。我很少说违心的话，所以我不会做什么不真诚的事。

K：科琳，我很赞同。您是我见过的待人最真诚的人。前面我们提到过"仆人领导"，再跟我们谈谈您对此的看法好吗？

C：肯，难道我们要从头再来吗？

K：哈哈，不会不会，开玩笑的！不过，说真的，科琳，你刚才谈到的这些一直激励着我针对这九种特质为自己打分。

暂停对话、悉心思考

　　如果您想以爱领导，那么您需要像科琳一样做类似的分析和回答。什么时候您在生活、工作中表现出这九种特质，什么时候没有呢？

　　为什么我们希望您回答这些问题呢？因为如果您拥有一颗服务他人的心，那么您一定会在工作、学习和生活中，与人为善、好善乐施。只要您坚持，您定会收获越来越多的幸福。

维护强大的公司文化

C：这真是个有趣的练习。我从未想过爱原来是这么复杂深奥的。从很多方面来看，我体会到西南航空的公司文化也融合了这些特质。

K：科琳，说到公司文化，我认识到它是很脆弱的，容易被忽略或破坏。有一次，我跟一些人座谈，他们所在的公司有着很强的公司文化。但这些人经常这样说"千里之堤，溃于蚁穴"，他们亲身经历了小小的一个疏忽一夜间葬送了公司文化。

"口惠酿成大错"，这样的经历再次证实了这一点。只会吹牛，说了不做是最要不得的。我知道在西南航空从不这样。正如彼得·德鲁克所说，天上不会掉馅饼。

C：完全正确。如果你想要达成好的愿望，必须要有相应的组织结构。为此，我们甚至印制了公司内部组织结构图。我们非常重视公司文化的建设，成立了"公司文化委员会"（Company Culture Committee, CCC）。这个机构的任务是保护现在和未来的公司文化，使其深入人心，无论员工职位高低。

这个委员会由 120 人组成，服务期限是 3 年。除了要每个季度准时召开会议外，每一位成员都要参加公司各种文化建设活动。3 年期满后，每一位成员都会被载入委员会花名册。所有的成员都利用自己的业余时间为公司文化工作和忙碌着，他们纠正每一个破坏公司文化的行为，保护每一个弘扬公司文化的行为。

当我担任委员会主席的时候，我从来不制定会议的日程，但是每次会议都进行得井井有条。2008 年 7 月，我退休了，我们的 CEO 指派了新人接手我的工作。我非常高兴地看到，她能够秉承 20 年前我们为这个机构制定的使命，继续为公司文化贡献力量。多年来，Herb 也不时地提醒我们，这个委员会对于我们公司来说是最重要的。

维护强大的公司文化

K：辞去"公司文化委员会"主席职务对您来说一定不轻松吧？

C：是的。我非常喜欢这帮家伙！我喜欢看到他们的成长和发展。在担任委员会主席之初，我一直觉得这个委员会的作用就是让员工们能够开心、放松。但是后来，我完全不这么想了。公司文化委员会的主旨是想方设法让公司文化得以延续，让工作变得轻松有趣。为此，我们非常努力地想出了很多点子。让我给你举个例子，这个例子非常棒：

9·11之后，西南航空非常积极地参与国家的军事行动。在各条航线上，我们的很多员工都被指派了任务。西南航空公司真的是一家为员工家庭着想的公司，在这点上我们绝对不是在吹牛。我们不仅与外派的员工保持着紧密的联系，同时也和他们的家庭保持紧密的沟通。我经常能收到外派员工和他们的家人写给我的信，其中有一封来自一名飞行员，我非常喜欢，那时他正在伊拉克服役。

维护强大的公司文化

　　我们为这些勇敢的家伙邮去很多东西，包括坚果、饼干和印有"西南航空爱你们"字样的 T 恤等，这些东西都不贵，但是意义非凡。这位飞行员告诉我，当他在来自另一家航空公司的飞行员面前打开盒子的时候，那个人问他"你们公司给你寄的?"他说："是的!"

　　"别开玩笑了!""这是真的，公司给我寄了一打 T 恤，你要一件吗?""哇! 真是啊! 给我一件吧!"当这位同行为他所在的公司拍证件照时，他穿上了我们的 T 恤，他是想告诉他的公司"为什么我们不能学学西南航空呢"。

　　我们的员工知道公司一直关爱着他们，他们也知道这种关怀是真诚的。我们并不是为了让大家说我们好而做这些的，我们只是认为这是对的，应该去做!

维护强大的公司文化

K：我和 Margie 同样也得到了西南航空的关怀。那是在 2007 年，南加州的一场大火吞噬了我们的家园，我们收到了来自西南航空的一个很有趣的包裹。这是多么感人的举动呀，我们从心底感受到了一份来自西南航空的浓浓的关怀。我们从包裹中抽出一个大大的西南航空的饼干罐，真是太有意思了，出乎我们的意料，我们大笑不止，马上跑到杂物店去买饼干。拥有一颗服务他人的心，这一举动胜于言表。

C：我想我也只能做这些了。

K：刚才您提到了通过"公司文化委员会"这样的机构保护公司文化，您还有其他举措和我们分享吗？

C：是的。您知道，客服一直是我们的重中之重，让我给你举几个例子，告诉大家我们是怎么做的。在 2001 年 6 月，我创办了"前摄客服小组"（Proactive Customer Service Group，PCS）。我大胆起用了一位名叫 Fred Taylor 的新人，当时他刚在一线工作不久。我赋予他一个新的职责，开展西南航空的前摄服务工作。

Fred 的团队分成了 5 个小组。每天，他们都直接跟公司的运营、联络、支持部门一起工作，为内部和外部的客户提供及时、准确、有价值的信息服务。

Fred 成功发起了西南航空所特有的"乘客住宿计划"，并构建了一个先进的乘客信息交流系统。"前摄客服小组"以各种方式不断地提供及时高效的信息，加强了内外部的沟通，为我们的乘客提供了个性化的信息服务（例如，登记提示、在线视频安全事项等）。这个小组是西南航空独有的。他们的工作直接关系到公司的成本管理和利润的产出和投入。另外，为我们的客服提出了很多改进的好方法。

暂停对话、悉心思考

每一个组织都有文化。有些是持续和健康的，有些则只是随机的。您的公司有公司文化吗？要创造出健康、有价值的公司文化，您需要做什么？在刚才的对话中，您学到了什么？在哪些方面可以帮您？

自为领导者和仆人领导者的不同

K：科琳，我真的非常羡慕您和同事们相处的方式。

C：其实我一直认为领导是一件要求很高的事，不仅仅是一个职位。事实上，对我来说，一路走来，我在任何一个领导岗位都是在不断地为大家服务，包括我的员工、顾客、合作伙伴和股东。

K：我想您一定找到了自为领导者和仆人领导者之间的关键不同。自为领导者会觉得他们拥有一个很高的职位，大多数这样的领导会把主要精力花在如何保住他们的职位上，他们想的全是自己。他们想要所有人都知道他们是老板。他们作风官僚，觉得下面的员工只能在他们的庇佑下生存。他们想让大家知道，所有的奖励、认可和权力都要按级别高低来分配，他们对一线的员工和顾客毫不关心，他们简直就是一群笨鸭！

C：确实是这样。这些人听不得意见，尤其是负面的。如果听到了，他们会认为你对他们当领导的有意见。那你可就惨了，你正撞枪口上，他们会把你赶走的。

K：哦，那太惨了！这个跟仆人领导者的工作方式大相径庭。当听到意见时，他们的第一反应是"谢谢你"。他们喜欢听到来自各方的反馈，为什么呢？因为他们当领导的唯一目的就是服务他人。所以，如果有人能提出意见，告诉他们如何能更好地服务他人，这些领导将感激不尽，他们把这些意见当作礼物。

C：肯，我很喜欢您经常说的一句俗语"回馈是成功者最重要的养分"。[22]如果我们的员工在实际工作中怀抱一颗服务他人的的心，那么当他们听到反馈的时候，在说出"谢谢您，这对我们非常有帮助"之后，他们会继续问道"您能说详细些嘛？我需要跟别的人再谈谈这个吗"。Vickie Shuler 是我的助理，她非常乐于助人。说实话，正因为这样，我对她的欣赏与日俱增。

暂停对话、悉心思考

在您听到意见的时候，您怎么想？您是发飙，还是虚心地了解详情呢？

K：仆人领导很希望看到周围的人获得成长，喜欢提拔人才，我想这一点你们西南航空做得非常棒！

C：这又说回这次对话的开始了，我一直强调领导力并不仅仅是领导者所特有的。我相信领导力随处可见。我们西南航空的价值观之一是拥有一颗服务他人的心，领导者的角色是服务他人，并不是要被别人伺候，这是我们所希望的。我们希望能在员工中发现人才，与此同时，我们积极地关注每一位员工的发展。在西南航空，很多拥有专业技术的员工都会自告奋勇去公司需要他们的地方工作。正如我们前面谈到的，我们希望所有的员工都成为我们的合作伙伴。事实上，他们就是西南航空的主人翁。我认为Robert Greenleaf 说得好"判断一个人是否是仆人领导的最好的测试办法是：看看他周围的人们会不会变得更聪明、更自由、更健康、更自主、更可能成为仆人领导？"[23] 我真的这么想，希望我已经做到了。

暂停对话、悉心思考

　　您帮助身边的人成长为领导吗，还是您总是防备他们？如果来了一位新领导，您愿意与他合作吗？或者您会接受另外一个职位？或者您会给大家一个强烈的感觉，不用太在意他，他完全在您的掌控之中吗？

K：好的，科琳，听起来像是在做总结。我们希望，自为领导风格会被摒弃，天底下的领导将以一种关爱的方式去领导他人，在领导过程中秉承"服务为先、领导其次"⁽²⁴⁾的理念。最后，您想跟在座的听众说些什么？

C：我想感谢在座的各位跟我一起分享我的故事和那些关于爱的故事。我想你们也许已经感觉到了，这么多年来，我已经全身心地融入西南航空这个大家庭，再也无法分离。我想在我的人生之中，西南航空将一直伴我左右，我和西南航空息息相关、紧密相连。这倒不是说我没有我自己的生活，我只是想表达，当您深深爱上一个集体、一个组织的时候，正如我爱上西南航空一样，您会不顾一切与它荣辱与共的。我的亲朋好友，无论他们是否是西南航空的员工，在提到它的时候都以"我们……我们……"来称呼。同很多人一样，我爱西南航空。

> "我从科琳身上感受到的和从 Herb 身上感受到的一样，西南航空所有人都非常热爱这个大家庭。科琳爱这个公司、这群员工以及所有的顾客。"
>
> ——Gary Kelly 西南航空主席、总裁、首席执行官

最后箴言

2008 年 7 月，我不再担任西南航空公司的总裁。我的内心告诉我，现在是时候让新一代的领导者发挥才干了。我一直认为，我的领导力的最突出的特点之一是我懂得何时让新人接班。现在我已经不再是总裁了，但是公司为我保留了一间办公室，在离职合同中要求我为公司再工作 5 年。

在我即将卸任的时候，很多员工、合作伙伴和朋友都问我，要为我举行什么样的欢送仪式，要为我准备什么样的礼物。其实，我一直不习惯成为被关注的焦点，从来都不习惯，将来也不会。但是，这一次我没有拒绝，我同意召开一个全公司范围内的欢送仪式。如果不这样做，我的员工将不会原谅我，因为在我即将卸任的同时，Herb 也将卸任，我不能剥夺员工们向 Herb 表达爱戴之情的机会。在领导层交接的时刻，我非常喜欢扮演一名"给予者"。所以，在 2008 年 5 月的年度股东大会上，我刻录了一张特别的"爱的关系"（LUV Relationship）的 DVD 视频光盘，分发给所有的员工、顾客和股东。

当时，我是这样想的，采访 25 位顾客和 25 位员工，让他们谈一谈对西南航空的印象，与我们分享一下他们与西南航空的故事，把这些录制下来，经过编辑加工，然后刻录成 DVD。我邀请广告部的同事来帮我，他们都认为我疯了！广告部的同事们说："如果他们不愿意参加怎么办？"我说："他们一定会愿意的。""如果他们什么都不说怎么办？"我回答说："他们会说的。"事实证明我是对的，他们录制了 70 多小时的视频。他们把 70 多小时的视频资料剪辑成 13 分钟的短片。周末的时候，我常常倒上一杯酒，慢慢地品味。我想看到这段视频的每一个人都会热泪盈眶，因为它完美地体现了西南航空 40 余年来的公司文化。[25] 短片中，每一位员工和顾客所说的话都是发自肺腑的，他们把内心对西南航空的美好感觉表达得淋漓尽致，超乎我的想象。这是对仆人领导者最好的褒奖，事实证明，这种领导方式是完全正确的。

最后，我还想提醒各位一件事，无论处于什么领导岗位，无论您在哪里——职场、学校、教堂、家里或者社区——您都要时刻审视自己：

最后箴言

我是自为领导者，还是仆人领导者？

我想，您的答案应该是我永远以一颗爱心去领导和服务他人。

> **暂停对话、悉心思考**
>
> 你如何回答这个问题？在读这本书之前，你是如何回答的？读完之后，你又将如何回答？对于这个问题的回答是决定您能否以一颗爱心去领导和服务他人的关键。

K： 谢谢，科琳。和您进行这样的交谈真是一件愉快的事。您的故事很好地回答了这个问题。我希望在座的各位也能自问，并找到正确的答案。如果你现在还是一名自为领导，那么赶快转变吧！请记住，正确的答案是——爱！

C： 同意！肯。我想最后再与大家分享一个爱的故事。这是一封来自西南航空的乘客 Mary Elizabeth 的信，这封信是她写给 Gary Kelly 的，Grary 是我们现任的主席、总裁兼首席执行官。

最后箴言

2009 年 5 月 25 日

Gary Kelly 先生

西南航空公司主席兼首席执行官

敬爱的 Kelly 先生：

　　2009 年 5 月 17 日是星期日。我搭乘了贵公司的航班，我要特别感谢贵公司的空乘人员为我提供的服务。那天下午 4 点 45 分的时候，我突然得知我父亲即将离世的消息，因此我需要马上赶到他的身边。西南航空公司 3 名工作人员为我提供了特别的服务，让我在凌晨 3 点 25 分（5 月 18 日星期一凌晨）的时候见到了我的父亲。在他生命的最后时刻，我见了他最后一面。我的父亲是二战老兵，退伍后，他一直居住在位于俄亥俄州的家中。

最后箴言

　　当时时间紧迫，相信只有西南航空能够完成这看似不可能完成的任务。我知道西南航空的 126 号航班傍晚 7 点 40 分从巴尔的摩机场起飞，这是我唯一的希望。但是当时已经是下午 5 点半了，看上去根本来不及。我立即收拾行李，我的丈夫马上致电西南航空，西南航空的地勤说会帮我订最早的航班，然后我立即赶往机场。尽管不能完全保证我能赶上这班飞机，但是我还是以最快的速度赶到了机场，当时时间已经到了下午 6 点半。

　　我飞奔到西南航空的售票柜台，真不知道到底会怎样。起初，售票员告诉我票已售罄，需要去其他的柜台办理，但是马上她拦住了我，拿上我的驾照，为我出了票，然后她告诉我她会和我一起去登机口，并为我解释原因。很快，她带我来到了登机口，并且不断地安慰我说"别担心"。

最后箴言

　　到了登机口，服务人员告诉我现在已经满员，在我前面还有一位乘客在等待其他乘客的退票，情况真是不妙！这位售票员对我说，尽管她不能够百分之百地保证我能顺利登机，但是她还是会在登机的时候进行机场广播，向其他乘客求助。她很镇定地说道："一位女士现在十分需要您的帮助，她父亲病危，因此她急需在父亲生命的最后时刻陪伴在他的身边，请您伸出援手。"她还解释道："西南航空不会对让出座位的乘客进行赔偿，但是一定可以让您搭乘下一班飞机，希望大家能发扬人道主义精神，提供帮助。"她的广播言简意赅、不卑不亢，清楚地表达了我的诉求。我在那里苦等了几分钟，这几分钟好似几年。但让我非常感动的是，一位又一位乘客伸出了援手，乘客们向我围拢过来，他们都被刚才的广播感动了。有的人说，那一刻他们又看到了人性光辉的一面。

最后箴言

　　我清楚地知道，是西南航空出色的服务让我在父亲生命的最后时刻陪伴在他的身边，和他吻别。就是因为我搭乘了西南航空的126次航班，这一切成为了现实，没有为我留下遗憾。在整个过程中，有很多环节我遇到了棘手的问题。每每在这样的时候，是西南航空的服务人员热情地帮助了我、温暖着我。回想起来，我真的要感谢我的爱人当时致电西南航空，我们得到了他们富于同情的关爱和照顾。开始我还以为会像其他航空公司的热线那样，让我留言呢。我非常感谢出票员冷静、干练、高效的工作作风，她为我节省了很多时间，不用再让我跑到其他柜台重复说明当时的紧急情况，购买机票。我还要深深地感谢在登机口的服务人员，她进行了非常精彩的极具感染力和想象力的机场广播。

　　随信附上几张父亲葬礼的照片。如果您把我刚才讲的故事跟西南航空巴尔的摩机场的服务人员分享，我想他们一定能够回想起来。我希望用这些照片来表达一种诚挚的谢意和深深的感动，是他们没有让我的生命留下遗憾！

最后箴言

　　5月17日晚，西南航空把我送到了父亲身边。对我来说，这是一份无价的厚礼。我将永远搭乘西南航空，永远支持西南航空。谢谢你们！

　　　　　　　　　　　　　　　　　——Mary Elizabeth Campbell
　　　　　　　　　　　　　　　　　贝塞斯达市，马里兰州

最后箴言

Mary Elizabeth Campbell 的故事说明了一切，这是对我们的服务人员最好的褒奖，在我们公司很多人都知道这个事情。仆人领导者深谙以爱领导之道。尽管现在科琳已经不再担任公司的总裁，但是她博爱包容的精神还在延续。公司的新闻发布会曾正式宣布，她会担任公司的名誉主席。很多记者问她，从总裁的位置退下来后会去做什么。Gary 斩钉截铁地说："她永远都是我们这个大家庭的家长，这点永远都不会改变。"

Gary 说得非常对。我们的女主人公从来不觊觎 CEO 的位置，她想做的永远是和她的员工、她的顾客、她的合作伙伴打交道。她乐于助人、不求回报，她先人后己、不为所图。就如同她的母亲曾教育她的一样，她永远保持着和蔼的微笑，仆人领导是一种爱的实现，如果您认同这种观点，我想您一定能体会到其中的含义。

现今，这种优秀的公司文化在西南航空公司滋养着、壮大着，与此同时，西南航空也连创佳绩，利润空前。正如我们今天的女嘉宾科琳所阐释的那样，以爱领导是全胜之道。

尾声

肯·布兰佳

我希望您能喜爱科琳·巴雷特女士为我们展现的她的处世哲学——一种充满爱的仆人领导之道。听起来是这样的简单，但它却是成功的真谛。经过这么多年的研究，我发现这一点弥足珍贵，它保证了包括西南航空公司在内的很多伟大的公司长盛不衰。不过，在听完我们的对话之后，您千万不要妄想自己的老板会像您一样有所获益，甚至改变。这次的对话，我们会集结成书，我们希望您能把它带给您的公司老板，我相信每一个将仆人领导付诸行动的人都会从中获益、从中成长。每一天，也许我们都在用自为的眼光看待这个世界，所谓人本位即是如此。但是，当我们意识到，我们需要以一颗仁爱宽容的心去领导和服务他人的时候，我想您和您身边的事物会就此发生重大的转变，工作会上升到一个新的台阶、自我认识也会达到一个新的高度。

如果您对这本书中的观点感到很抵触，请您尝试着以一种探求的心态重新阅读和审视它，或许您会有新的发现和感受。第一次读它，也许您并没有深深地体会到仆人领导深邃之所在。没关系，再次体味，您会发现仆人领导是事业成功和共赢的不二之道。

尾声

科琳和我都深信在工作和生活中，人人互助才能让世界变得不同。或许您会说，John Lennon（英国甲壳虫乐队主唱）曾唱到"我们都是梦想家"，我们是不是在这儿做梦呢？但是请相信，Harriet Tubman（一个来自马里兰州的逃跑奴隶，后来被誉为"奴隶的摩西"，摩西是犹太人的领袖和民族英雄）曾说：

"每一个伟大的梦想都始于一位梦想家。永远记得，你有力量、耐心和激情，可以触及星辰，可以改变世界。"

尾注

1. 在与 Spencer Johnson 合著的《一分钟经理人》 (*The One Minute Manager*）中，肯第一次提到"通过影响他人，来帮助他们做正确的事"的理念（New York：William Morrow，1982 and 2003）。

2. Kevin Freiberg and Jackie Freiberg，*Nuts！Southwest Airlines´ Crazy Recipe for Business and Personal Success*（New York：Random House/Broadway Books，1998）．

3. John Elkington 在其 1998 年出版的《拿叉子的野人》 (*Cannibals with Forks*）一书中提出"三层底线"的概念，他指的是最基本的经济责任、环境责任和社会责任。但是，在本书中，"三层底线"指的是：顾客、员工和创收。

4. 肯从 John Naisbitt 与 Patricia Aburdeene 合著的《改造企业》(*Reinventing the Corporation*）一书中第一次听说这个梦想。"财富 500 强"概念是肯·布兰佳与 Michael O'Connor 合著的《价值管理》(*Managing by Values*，San Francisco：Berrett-Koehler，1997）一书的主题。迈克尔为了撰写本书，甚至在"财富 500 强"的基金咨询服务部门体验工作。

5. Ken Blanchard and Sheldon Bowles, *Raving Fans: A Revolutionary Approach to Customer Service* (New York: William Morrow, 1993).

6. Jesse Stoner 与 Drea Zigarmi 合著《从愿景到真实》 (*From Vision to Reality*, Escondido, CA: The Ken Blanchard Companies, 1993)。Jesse Stoner 另外一部作品《实现你的愿景》 (*Realizing Your Vision*, Provo, UT: Executive Excellence, 1990) 也同样描述了美好愿景的要素。

7. 在 Matt Hayes 与 Jeff Stevens 合著的《商务的核心》 (*The Heart of Business*, Bloomington, IN: Authorhouse, 2005) 一书中精彩地讨论了为什么做生意的首要目标并不是赚钱。

8. Ken Blanchard and Michael O´Connor, *Managing by Values* (San Francisco: Berrett-Koehler, 1997).

9. Jim Collins, *Good to Great: Why Some Companies Make the Leap—And Others Don´t* (New York: Harper Collins, 2001).

10. Don M. Frick, *Robert K. Greenleaf: A Life of Servant Leadership* (San Francisco: Berrett-Koehler, 2004).

11. Garry Ridge and Ken coauthored *Helping People Win at Work: A Business Philosophy called "Don´t Mark My Paper, Help Me Get an A"* (Upper Saddle River, New Jersey: FT Press, 2009).

12. Patrick Lencioni 两本畅销力作是《CEO 的五大诱惑》 (*The Five Temptations of a CEO*, San Francisco: Jossey-Bass, 1998) 和《团队协作的五大障碍》 (*Five Dysfunctions of a Team*, San Francisco: Jossey-Bass, 2002)。

13. Max De Pree, *Leadership is an Art* (New York: Doubleday, 2004).

14. Wayne Dyer 的畅销作品《你的误区: 如何摆脱负面思维掌控你的生活》(*Your Erroneous Zones*, New York: Funk & Wagnalls, 1976)。从这本书开始, 他创作了 30 余本关于自我发展的著作, 包括《你的借口》(*Excuses Begone*)。

15. Ken Blanchard and Don Shula, *Everyone´s a Coach* (Grand Rapids, MI: Zondervan, 1995).

16. Henry Drummond, *The Greatest Thing in the World*, *Laws of Leadership Series*, *Volume IV* (Mechanicsburg, PA: Executive Books, 2007).

17. Norman Vincent Peale, *The Power of Positive Thinking* (New York: Fireside, 1952).

18. Ken Blanchard and Norman Vivcent Peale, *The Power of Ethical Management* (New York: William Morrow, 1988).

19. Fred Smith, *You and Your Network* (Mechanicsburg, PA: Executive Books, 1998).

20. Richard Nelson Bolles 在他的经典作品《你的降落伞是什么颜色》(*What Color Is Your Parachute*, *Berkeley*, CA: Ten Speed Press, 2009) 的附录中谈到"让世界变得更适合我们",用以帮助读者制定个人使命。

21. 肯从 Rick Tate 那里学会这则谚语。他是布兰佳咨询公司的合伙人。

22. Robert Greenleaf, *The International Journal of Servant-Leadership* vol. 1: number 1 (Spokane, WA: 2006).

23. Robert Greenleaf, *Servant Leadership*: *A Journey Into the Nature of Legitimate Power and Greatness*, 25th Anniversary Edition (New Jersey: Paulist Press, 2002).

尾注

24. 观看视频短片《爱的关系》 （LUV Relationship），请您登录 www. leadwithluv. com.

25. Ken Blanchard et. al, *Leading at a Higher Level*, *Revised and Expanded Edition* （Upper Saddle River, New Jersey：FT Press, 2009）.

感激之言

来自肯·布兰佳：

与科琳·巴雷特合著这本书真是毕生难得的经历。我以前从来没有遇到过像她这样的人，她能把领导和激励他人完美地融入生活之中，每时每刻、无处不在。能够认识西南航空公司的创始人 Herb Kelleher、科琳的助理 Vickie Shuler 和其他诸多西南航空人是一件愉悦的事。同样，在我的助理 Margery Allen 的领导下，我也很幸运能够拥有一帮非常出色的员工。她一直以一颗宽容关爱的心和饱满的热情帮我处理各种事宜，她真是我的左膀右臂。没有 Renee Broadwell 的帮助，我们无法完成这本书，她对科琳和我所说的每一个字进行了润色。

Martha Lawrence，谢谢您的大公无私和提出的宝贵意见。非常感谢 Spencer Johnson，他是我《一分钟经理人》一书的合著者，他为本书的构思和编写提出了极具价值的建议。我要给斯卡尼阿特勒斯乡村俱乐部（这个俱乐部在我的避暑别墅附近）的朋友们热情的拥抱，非常感谢他们对本书提出的很多关键的反馈。我的脸上浮现出了微笑，此刻，我感到非常自豪。

感激之言

　　该说的都说了，该做的也都做了！但是最重要的是，要感谢你爱的人和爱你的人。我要再次感谢我的爱人玛吉，还有我们的两个孩子斯科特和黛比，以及他们各自的家庭（包括我的 4 个孙子、孙女），没有他们，我的人生将黯淡无光。

来自科琳·巴雷特：

　　我必须承认当肯·布兰佳邀请我合著本书的时候，我是那样的兴奋。说实话，我从来没想过能讲这么多故事给大家。肯一直跟我说，他感受到了西南航空的激情和信念，感受到了我们的仆人式领导，我这才意识到我们应该把这些跟亲爱的人们一同分享。于是，我们开始了这次坦诚、精彩的对话。

　　我想，我欠布兰佳夫妇一个人情，是他们邀请我一起分享他们的生活经历、处世哲理。更重要的是，他们向我表示出真挚的友谊、慷慨的支持、无私的鼓励和宽厚的爱。

感激之言

另外，非常感谢 Richard Andrews、Renee Broadwell、Martha Lawrence 和 Pat Zigarmi 以及所有布兰佳公司的工作人员，他们为我提供了专业的建议，这正是我所需要的。在整个项目的进行过程中，他们带来了无限的活力和热情。

我将永远感谢我的 100 多位朋友和家人，是他们对这本书的初稿给予了关注，并提出了很多好意见，在这里我就不一一列举了。但是，我相信你们都知道我说的是谁，我非常自信地认为你们都能感受到我诚挚的谢意。在这本书的编写出版过程中，我们至少经历了 5 次大的修订和不计其数的编辑校对，目的是为大家呈现最完美的作品。尽管如此，从撰写本书开始，我们唯一不会改变的是撰写本书的初衷。

最后，我要特别感谢西南航空公司的每一位勇士，是他们为我提供了撰写本书的所有素材。同时，我深深地感到，正是因为他们使我更加坚信，西南航空的企业文化深入人心，早已融入我们的生活。他们是我的骄傲，我爱他们每一个人！

服务在线

　　肯·布兰佳集团是世界领先的商业咨询公司。主要致力于职场学习、生产效率、绩效和领导效力等方面的咨询和培训。在领导效力方面，该公司尤以情境领导力项目（Situational Leadership' II program）闻名中外。该项培训能够帮助学习者提高领导力，使其从自为领导者发展成为真正受人崇敬的领导者。很多"财富500强"企业、中小型企业、政府部门和非营利组织都参加过这种培训，颇受好评。

　　布兰佳咨询培训项目主要针对现实情况，并着力提升和解决以下方面的问题：战略目标、获取卓越的成绩、培养卓越的领导力、团队合作、顾客忠诚度、管理变革和绩效。公司为学习者持续提供最实用的职场提升技能，为学习者提供世界级的培训教师，旨在帮助您进行有效的组织变革和行为改善，帮助人们将所学付诸实际。

　　来自肯·布兰佳集团的领导力专家可以为您提供各种相关的研讨会、咨询会，还可以为您提供有关组织发展、职场绩效和商业趋势的主题演讲。

全球总部（Global Headquarters）
布兰佳集团（The Ken Blanchard Companies）
125 State Place
Escondido CA 92029
www. kenblanchard. com
1. 800. 728. 6000（美国本土）
+1. 760. 489. 5005（全球范围）

感激之言

社交网络 （Social Networking）

请登录 YouTube 观看布兰佳视频资料

在这里，您可以看到布兰佳集团特别提供的有关思想领袖的真实视频。您也可以登录布兰佳频道订阅视频资料，我们将为您发送最新的视频下载资料。

登录 Facebook，加入布兰佳俱乐部 （Blanchard Fan Club）

登录 Facebook，加入布兰佳俱乐部，成为我们当中的一员。分享视频和图片资料，并有机会被邀请参加特别活动。

对话肯·布兰佳

布兰佳博客（HowWeLead. org）旨在为您带来积极的改变。这是一个免费的公共网站，主要讨论与我们息息相关的有关领导力的话题。这个网站免费公开且长期存在。不接受任何的捐献和赞助。这是一个社交网站，为大家讨论有关领导力的话题提供一个空间。当然，肯·布兰佳先生也愿意在这里倾听您的高见。

实用工具（帮助您改善领导技能）

登录 kenblanchard. com，点击"Tools for Change"标签，您能在这个频道得到各种有关领导力实践的资料（包括实践工作、训练服务和领导力项目），它们将为您的组织带来不断的改善和可量化的影响。